UNE CAVALIÈRE PAS COMME LES AUTRES

BIOGRAPHIE

Bonnie Bryant est née et a grandi à New York, où elle vit toujours aujourd'hui avec ses deux enfants. Elle est l'auteur de nombreux romans pour la jeunesse mais aussi de novélisations de scénarios de films comme *Chérie, j'ai rétréci les gosses*. La série Grand Galop est née de la passion de Bonnie Bryant pour les chevaux. Cavalière expérimentée, elle dit néanmoins que les héroïnes du Grand Galop, Lisa, Steph et Carole, sont de bien meilleures cavalières qu'elle.

Avis aux lecteurs

Vous êtes nombreux à nous écrire et nous vous en remercions. Pour être sûrs que votre courrier arrive, adressez votre correspondance à :

Bayard Éditions Jeunesse
Série Grand Galop
3/5, rue Bayard
75008 Paris

GRAND GALOP

UNE CAVALIÈRE PAS COMME LES AUTRES

BONNIE BRYANT

TRADUIT DE L'AMÉRICAIN
PAR ELIZABETH LEAR

BAYARD JEUNESSE

Merci à Kimberly Brubaker Bradley
qui m'a aidée à écrire ce livre.

Titre original
SADDLE CLUB n° 52
Riding class

Loi n°49 956 du 16 juillet 1949
sur les publications destinées à la jeunesse.
Dépôt légal avril 2002

ISBN : 2 747 004 65 1

Imprimé en France par BRODARD ET TAUPIN
Dépôt légal : avril 2002
N° d'Éditeur : 7137 – N° d'impression : 11088

Avertissement

Que tu montes déjà à cheval ou que tu en rêves,
que tu aimes le saut d'obstacle, la randonnée
ou la vie des écuries,
la série **Grand Galop** est pour toi.
Viens partager avec Carole, Steph et Lisa,
les secrets de leur centre équestre préféré.

Le Club du Grand Galop

Carole, Steph et Lisa
sont les meilleures amies du monde.
Elles partagent le même amour des chevaux
et pratiquent leur sport favori au centre équestre
du Pin creux. C'est presque leur unique sujet
de conversation. À tel point qu'elles ont créé
en secret le Club du Grand Galop.
Deux règles à respecter pour en faire partie :
être fou d'équitation
et s'entraider coûte que coûte.

1

– Un peu de calme, s'il vous plaît ! s'exclama Max.

Les cavaliers du Pin creux se dépêchèrent de s'installer dans le bureau. Stéphanie Lake entra en trombe dans la pièce. Ses meilleures amies, Lisa Atwood et Carole Hanson, lui avaient gardé une place.

– Merci ! Je savais que je pouvais compter sur vous ! Je croyais qu'on allait monter, mais…

– Du calme ! répéta Max Regnery en lançant un regard sévère à Steph. Merci d'avoir renoncé à votre leçon d'équitation d'aujourd'hui et à celle du week-end prochain.

Au Pin creux, comme dans de nombreux clubs, on alternait la pratique et la théorie. Aujourd'hui, les cavaliers devaient se rendre à la Rêne libre, un centre d'équitation thérapeutique, pour préparer la journée des bénévoles.

– Le prochain cours pratique aura lieu dans deux semaines, continua Max. Ceux qui ne sont pas beaucoup montés cet hiver ont intérêt à se remettre en selle d'ici là. Disons…

Il marqua une pause.

– … qu'il pourrait y avoir des récompenses.

– Des récompenses ! s'écria Anna Grover, l'une des plus jeunes élèves. Il y aura un concours ?

Tout le monde sourit. C'était presque la fin de la mauvaise saison. Les enclos étaient détrempés par la neige, les chevaux, qui avaient encore leur épais poil d'hiver, étaient couverts de boue. Un concours hippique célébrerait l'arrivée du printemps, que tout le monde attendait avec impatience.

– On sait déjà qui sera le vainqueur ! déclara soudain une voix nasillarde.

Le Club du Grand Galop n'eut pas besoin de se retourner pour savoir qui avait parlé. Cette snob de Veronica Angelo avait reçu pour Noël un nouveau cheval, Condor ; il était racé, sans défaut ; en un mot, parfait. Veronica en était très fière.

Lisa chuchota à l'oreille de ses amies :

– Le pire, c'est qu'elle a raison.

Carole, l'air sombre, acquiesça, et Steph fit la moue. Elle aussi avait sa propre monture, une jument nommée Arizona, de même que Carole, qui possédait un hongre bai, Diablo. Ces deux chevaux étaient formidables mais, en termes de perfection, ils n'arrivaient pas à la cheville de Condor. Dans ses bons jours, Veronica montait à merveille. Avec Condor, elle remporterait facilement le premier prix.

– Je n'en suis pas si sûr ! rétorqua Max.

Les trois amies sursautèrent, ne sachant pas à qui il s'adressait.

– Cet événement est un peu… différent, ajouta l'entraîneur. Je vous donnerai les détails la semaine prochaine. Pour l'instant, faisons le point avant d'aller à la Rêne libre. Qui a lu la brochure que j'ai distribuée la dernière fois ?

Tout le monde leva la main. Max sembla satisfait :

– Très bien. Alors… quand la thérapie équestre a-t-elle été introduite dans notre pays ?

Meg Durham leva la main :

– À la fin des années 1960. Mais elle a commencé plus tôt en Europe.

– Exact. Et qu'est-ce que la thérapie équestre ?

– L'équitation pratiquée par des personnes souffrant de maladies physiques, mentales ou émotionnelles. Elle les aide à devenir plus fortes en développant de nouvelles aptitudes, récita Adam.

– Bien. En route ! conclut Max en frappant

dans ses mains. N'oubliez pas que nous allons à la Rêne libre pour aider d'autres cavaliers à monter.

Tout en bavardant, les cavaliers se dirigèrent vers les voitures qui les attendaient à l'entrée du club.

Carole, Steph et Lisa grimpèrent dans le break du père de Carole. Le colonel Hanson travaillait bénévolement pour le Pin creux.

– Il y a encore de la place pour trois personnes ! cria Carole.

Meg et Polly Giacomin arrivèrent en courant, suivies par Veronica.

Carole se maudit d'avoir parlé aussi fort. La Rêne libre n'était qu'à quelques kilomètres, mais elle n'avait aucune envie de faire le trajet avec Veronica. Heureusement, celle-ci se dirigeait vers la Mercedes, où patientait le chauffeur de ses parents.

– Ma famille distribue déjà beaucoup d'argent aux pauvres, lança-t-elle. Je ne vais pas en plus leur accorder mon temps libre !

Elle monta en voiture, et le chauffeur ferma sa portière.

– Quelle peste ! fit Carole.

– Elle ne vient pas à la Rêne libre ? s'étonna Lisa.

– Vous avez entendu ? Elle les a appelés « les pauvres » ! intervint Carole, choquée. Tout ça parce que les cours sont gratuits !

– C'est une organisation caritative, expliqua le colonel, les gens donnent ce qu'ils peuvent.

– Veronica est une sale égoïste ! déclara Steph. Souvenez-vous comme elle a été odieuse quand on a décidé de récolter des fonds pour la Ligue protectrice des animaux. Elle ne fait jamais rien pour les autres.

– Elle n'est pas généreuse, renchérit Lisa.

– Vous passerez une bien meilleure journée sans elle, commenta le colonel.

Quelques minutes plus tard, la voiture s'arrêta devant le centre équestre. Derrière un manège couvert se dressait un petit bâtiment qui hébergeait les écuries. De chaque côté, des chevaux évoluaient dans de vastes enclos. Sur une banderole de papier on pouvait lire : « Bienvenue aux bénévoles. »

– Ça a l'air super ! s'exclama Lisa en descendant de voiture.
Le parking était bondé, il y avait du monde partout.
– J'espère que le Cross County est là, dit Steph en regardant tout autour.
Carole et Lisa éclatèrent de rire. Phil, le petit copain de Steph, montait dans ce club.
– Tu seras plus efficace sans lui, la taquina Carole.
Les trois amies se dirigèrent vers une porte latérale du manège et pénétrèrent dans une véranda avec de larges fenêtres donnant sur la piste. Un grand canapé, sur lequel une chatte nourrissait ses petits, une table et plusieurs fauteuils y étaient disposés. La pièce était remplie de gens de tous les âges.
Une femme aux cheveux roux s'avança au milieu de la véranda :
– Soyez les bienvenus ! lança-t-elle à la cantonade. Je suis Debbie Payne, la directrice du centre. Merci d'être venus si nombreux ! Aujourd'hui, il n'y aura pas de leçon d'équitation, mais vous pouvez tous revenir un

autre jour. Nous avons douze chevaux, environ deux cents volontaires réguliers et plus d'une centaine de cavaliers.

Ensuite, elle entreprit de distribuer différentes tâches. Quand elle eut fini, elle s'adressa de nouveau à l'ensemble des volontaires :

– Je serai ici toute la journée, n'hésitez pas à poser des questions. Il y a des beignets, du café et des jus de fruits. Nous déjeunerons à midi pile. Maintenant, au travail ! Qui a de l'expérience en menuiserie ?

– Aïe ! s'écria Lisa en lâchant son marteau.

Elle suça son pouce.

– Steph, pourquoi as-tu dit qu'on s'y connaissait en menuiserie ? gémit-elle.

– J'ai dit qu'on savait planter des clous, rectifia Steph.

– Parle pour toi !

Depuis une heure, les trois filles réparaient la clôture d'un enclos.

– Tiens les planches, proposa Steph, moi, je vais clouer.

– D'accord.

– Avoue que c'est mieux que de repeindre les poteaux !

– Ou de nettoyer la sellerie, renchérit Carole. On le fait déjà assez au Pin creux. Cela dit, j'aurais préféré qu'on nous demande de panser les chevaux.

– Arrête de râler ! dit Lisa en riant.

– Vous vous amusez bien, les filles ? demanda Mme Payne en s'approchant du manège.

Elle fit un clin d'œil à Lisa et lui tendit un pansement.

Steph et Carole réprimèrent un sourire.

– Tiens, vous qui êtes du Pin creux ! Regardez cet alezan, là-bas ! dit Mme Payne. Il s'appelle Jerry.

– Je ne me souviens pas de lui, s'étonna Steph.

– Il est ici depuis presque dix ans. C'est un de nos meilleurs chevaux.

– Vous l'avez acheté à Max ? demanda Carole.

– Non, Max nous l'a donné. Jerry n'était plus tout jeune et ne pouvait plus travailler dur. Comme il aime être monté, notre programme est idéal pour sa retraite. Il a plus de trente ans !

– Trente ans ! répéta Carole, interloquée. Elle savait que les chevaux atteignent rarement cet âge.

– Tous vos animaux sont aussi vieux ?

– Non, heureusement ! Mais, pour la rééducation, les chevaux doivent être très calmes.

– Ma jument ne ferait pas l'affaire ici ! dit Steph en songeant à Arizona.

– Diablo non plus, ajouta Carole. Il est bien dressé, mais drôlement distrait !

– Et ne parlons pas de Délilah ! s'écria Lisa. C'est le pur-sang que je monte au Pin creux, expliqua-t-elle à Mme Payne.

– Vous ne trouverez pas de pur-sang ici, déclara cette dernière. Nos chevaux ne sont pas aussi racés, mais, pour nous, ils valent de l'or. Bon, si vous avez besoin de quelque chose, appelez-moi, et surtout n'oubliez pas de faire une pause ! conclut-elle en s'éloignant vers un autre groupe de volontaires.

– Eh bien ! s'exclama Steph. Voilà une

chose que le cheval de Veronica ne peut pas faire : l'équitation thérapeutique !
– Ne gâchons pas cette belle journée en parlant de Veronica, l'interrompit Lisa.
– Tout à fait d'accord ! approuva Carole.

Bientôt, les trois filles manquèrent de clous et partirent en chercher à l'écurie. Le bâtiment était plus grand qu'il ne paraissait au premier abord. Carole estima qu'il pouvait accueillir au moins seize chevaux.
– La porte est ouverte, remarqua-t-elle.
– Entrons, suggéra Steph.
– C'est peut-être interdit, objecta Lisa.
– Pourquoi ? Ils ont aussi besoin d'aide à l'intérieur. On peut nettoyer les boxes ou… écoutez ! Il y a déjà quelqu'un.
– En arrière ! ordonna une voix de jeune fille. Du calme ! C'est bien, brave bête !
– Quelqu'un parle à un cheval, chuchota Carole, les yeux brillants.
– Où as-tu ramassé toute cette boue, P.C. ? Je vais mettre des heures à te nettoyer ! poursuivit la voix.

Elles poussèrent la porte. À l'autre bout de l'allée, elles aperçurent un alezan doré et trapu. Près de lui se tenait une frêle jeune fille aux cheveux bruns.

– Salut ! s'écria Carole en se dirigeant vers elle. On peut t'aider ?

– Non, merci, tout va bien, répondit l'adolescente en souriant.

– On espérait travailler avec les chevaux, expliqua Lisa. Comment as-tu décroché ce boulot ?

Elle contourna le cheval et s'arrêta net. L'adolescente avait un appareil orthopédique à chaque jambe. Elle s'appuyait lourdement sur une béquille et brossait maladroitement l'alezan de sa main libre.

– P.C. est à moi, dit-elle en se retournant.

À cet instant, le bout de sa béquille glissa, et elle tomba sous les jambes antérieures du cheval.

Les trois amies étouffèrent un cri. Si l'animal bougeait, elle serait piétinée !

2

Carole ne perdit pas son sang-froid. Elle saisit la tête du cheval et la maintint fermement.

– Lisa, Steph, lança-t-elle, aidez-la à se relever !

– Ne le tenez pas ! dit l'adolescente. Je n'ai pas besoin d'aide. Laissez-moi juste un peu de place.

Carole, gênée, lâcha le licol. Avait-elle mal réagi ? Elle n'avait pas effrayé l'animal, et la jeune fille avait manifestement besoin d'assistance. Celle-ci faisait des efforts pour se redresser. Son cheval était aussi immobile qu'une statue.

Avec ses appareils et ses béquilles, ce n'était décidément pas une cavalière comme les autres ! Mais elle portait la même tenue d'équitation qu'elles et semblait aimer les chevaux.

La jeune fille s'agrippa à une jambe du cheval pour se relever.

– C'est le seul moyen, mon vieux !

Elle s'appuya contre l'animal et dit :

– Je m'appelle Émilie Williams.

– Et moi, Lisa Atwood. Et voici Steph Lake et Carole Hanson. Nous venons du centre équestre du Pin creux pour la journée des bénévoles.

– C'est pour ça que je ne peux pas monter aujourd'hui ! plaisanta Émilie.

– Tu es sûre que ça va ? s'inquiéta Lisa. C'était une sacrée chute !

– J'aurai quelques bleus, j'ai l'habitude ! Merci de ne pas m'avoir aidée.

– Tu nous remercies de n'avoir pas bougé ? s'étonna Steph.

– Les gens veulent toujours fairc les choses à ma place. Quand j'ai besoin d'aide, j'en demande.

Carole caressa l'alezan.

– C'est un super cheval, déclara-t-elle, il est étonnant !

Émilie regarda sa monture avec tendresse :

– C'est le meilleur au monde !

– Depuis combien de temps l'as-tu ? demanda Lisa, qui rêvait d'avoir le sien.

– Je l'ai reçu à Noël l'année dernière. Ce n'était pas vraiment une surprise ! On l'a cherché longtemps, vous savez ! Mais c'est mon plus beau cadeau. Il s'appelle P.C.

Elle se pencha lentement en se retenant à la jambe du cheval pour ramasser son étrille et commença à le nettoyer.

– S'il te plaît, on peut t'aider ? gémit Carole. Ça fait des heures qu'on n'a pas touché un cheval…

– Bien sûr, répondit Émilie en leur désignant des brosses.

– Ça veut dire quoi, P.C. ? demanda Steph.

– Prince Charmant !

– Ah, c'est mignon ! firent les trois amies en chœur.

– J'aimerais bien faire de l'obstacle, reprit Émilie, mais ce n'est pas enseigné ici. En réalité, ce que j'aime vraiment, c'est le dressage.

– Tiens, c'est comme moi ! s'exclama Steph. C'est ce que je préfère !

Steph réussissait très bien dans cette discipline difficile. Arizona avait énormément progressé.

– Moi aussi, dit Carole, mais Diablo, mon cheval, est meilleur en saut.

– Et toi ? demanda Émilie à Lisa.

– Délilah ne sait pas encore. Elle n'est pas à moi, mais c'est celle que je monte le plus souvent.

Émilie tapa légèrement sur la jambe de P.C. Le cheval leva immédiatement son sabot, dont elle retira la boue à l'aide d'un cure-pied.

– P.C. ne sait pas non plus ce qu'il préfère,

dit Émilie, le visage collé au flanc de l'animal. Il fait tout ce que je lui demande, mais il n'a pas vraiment l'air d'un cheval de dressage ! Son cou est énorme !

– Il est magnifique ! protesta Carole.

– Il est merveilleux, même s'il est très laid. C'est la vérité ! s'esclaffa Émilie en voyant les yeux étonnés des trois amies.

Elle s'accrocha à la queue de P.C. pour passer de l'autre côté. Carole lui brossa la crinière. Elle était douce et lisse, preuve qu'Émilie la peignait tous les jours.

– Tu passes beaucoup de temps ici ?

– Oh oui ! J'ai toujours aimé les chevaux. Je monte depuis que j'ai quatre ans.

– Tu as commencé plus tôt que moi !

– Que nous toutes ! s'exclama Lisa.

Émilie termina de curer les pieds de P.C. et rassembla les instruments de pansage dans un seau.

– J'ai débuté dès l'ouverture du centre. Ma pédiatre fait du cheval, c'est elle qui m'a envoyée ici. Elle avait dit que ça serait bénéfique. Je souffre d'une maladie génétique.

Dans mon cas, ce sont les jambes qui sont atteintes. Elles sont raides. J'ai du mal à garder mon équilibre, je tombe souvent.

– Et ça s'aggrave ? s'enquit Lisa, gênée.

– Non, au contraire. Je me déplace beaucoup mieux qu'auparavant. L'équitation m'a énormément aidée, et P.C. m'a sauvée. C'est mon Prince Charmant ! dit Émilie en lui donnant un baiser.

– Alors c'est ça, la thérapie équestre ? demanda Steph.

– Absolument. Je ne peux pas faire de vélo ni d'aérobic, mais je peux monter à cheval ! Ça me rend plus forte. Chez moi, je fais de la gymnastique tous les jours. Ça m'aide, mais c'est barbant. Monter, c'est mille fois mieux !

Carole, Lisa et Steph acquiescèrent avec conviction.

Émilie prit sa seconde béquille et se saisit d'une longe, qu'elle mit un certain temps à ajuster au licol de P.C. Ensuite, elle conduisit son cheval à travers l'écurie, suivie par les trois amies. Le nez sur l'épaule d'Émilie, P.C. réglait son allure sur la démarche claudiquante de la jeune fille et respectait les arrêts qu'elle lui imposait.

Les membres du Club du Grand Galop étaient muets d'admiration.

– On aimerait en savoir plus sur la thérapie équestre ! déclara Lisa.

Émilie fit rentrer P.C. dans son box et referma le portillon derrière lui.

– C'est possible. La Rêne libre a toujours besoin de volontaires pour les leçons d'équitation.

– Émilie ! appela une voix depuis l'entrée de l'écurie.

– Je suis là, Maman !

– Tu as terminé ? Dépêche-toi, ton frère a un match de foot !

– Je suis prête !... C'était sympa de parler avec vous, dit-elle aux trois amies.

– On se verra peut-être plus tard, hasarda Steph.

– Ce serait bien.

Mais Émilie ne semblait pas y croire. Elle s'éloigna en agitant la main.

– Je suis sérieuse, insista Lisa, s'adressant à ses amies. J'aimerais vraiment apprendre l'équitation thérapeutique.

– Moi aussi, ajoutèrent Steph et Carole d'une seule voix.

Elles partirent à la recherche de Mme Payne. Le visage de la directrice s'éclaira quand elle entendit leur proposition.

– Le fait que vous connaissiez déjà les chevaux est un atout. Quand voulez-vous venir ?

– Pourquoi pas lundi, après l'école ? suggéra Steph.

– Parfait, se réjouit Mme Payne. Nous avons une leçon de groupe à quatre heures et demie.

– Merci, dit Carole.

– Merci à vous ! Un programme comme celui de la Rêne libre n'existe que grâce à des gens comme vous !

3

Dimanche après-midi, le Club du Grand Galop se réunit au Pin creux. C'était une belle journée ensoleillée, douce pour un début de printemps.

– Hissons la grand-voile, comme dirait Max, et partons en balade ! proposa Steph.

Tandis qu'elles rassemblaient leur équipement, une femme mince, à cheveux gris, entra dans la sellerie :

– Pourriez-vous me dire où se trouve Mme

Regnery ? Je dois prendre un cours avec elle.

Les trois filles échangèrent un regard étonné. Déborah, la femme de Max, s'appelait bien Mme Regnery, mais elle commençait juste à apprendre l'équitation. Quant à la mère de Max, surnommée Mme Reg, c'était une cavalière émérite, mais elle ne donnait pas de leçons.

Lisa examina la vieille dame. Elle n'avait pas l'air d'une cavalière. Un souffle d'air aurait pu la renverser. De plus, elle était habillée bizarrement : elle portait un jean impeccable, un drôle de chemisier brodé et des bottes de cow-boy usées. Lisa fut impressionnée par son courage : il ne devait pas être facile de commencer l'équitation si tard !

– Mme Reg ne va pas tarder, répondit Carole. On peut vous aider ?

– Vous êtes nouvelle au Pin creux ? demanda Steph.

– Je suis le Dr Marianne Dinmore. Je viens d'Arizona pour animer un séminaire de médecine à l'université de Washington ces prochaines semaines. J'en profite pour prendre des cours de monte classique.

– C'est à Washington que vous avez entendu parler du Pin creux ? voulut savoir Lisa.

– Non, j'ai trouvé l'adresse dans l'annuaire.

– Vous avez fait le bon choix ! lui assura Carole. C'est un excellent centre équestre.

Lisa prit la femme par le bras et l'entraîna vers le fer à cheval fixé au mur.

– Il faut le toucher, expliqua-t-elle, c'est une tradition. Tout le monde le fait avant de monter, et personne ne s'est jamais blessé.

Amusée, Mme Dinmore s'exécuta.

– Les chevaux sont formidables, il n'y a aucune raison que vous tombiez. Mais vous devriez porter une bombe, c'est plus prudent, conseilla Steph en la guidant vers le vestiaire.

– Dommage, j'ai laissé mon chapeau à la maison !

– Il vous faut un chapeau spécial !

Steph prit une bombe sur une étagère et la lui posa sur la tête.

– Trop grand !

Lisa en choisit une plus petite.

– Vous vous sentez bien ? demanda-t-elle en l'attachant sous le menton de la cavalière.

– C'est parfait !

– Allons vous chercher un bon cheval, suggéra Carole.

– Mme Reg en a certainement déjà désigné un, dit Lisa.

– Oui, mais maintenant que nous connaissons le Dr Dinmore, nous ferons un meilleur choix, dit Carole en lui lançant un regard appuyé. Mme Reg ne lui a parlé qu'au téléphone.

Lisa comprit : Mme Reg n'avait pu deviner à quel point Marianne Dinmore était menue et fragile.

– C'est juste. Nous allons vous donner un cheval tranquille.

– Je ne veux pas de vieux canasson ! pouffa le docteur.

– Oh non ! la rassura Carole. Mais il vaut mieux débuter avec un animal calme.

– Vous allez bien vous entendre avec Patch, décida Steph. Suivez-nous !

Patch était un vieux cheval pie que les enfants montaient pour leurs premières leçons.

– Il ne risque pas de s'emballer, expliqua Lisa, il ne va pas très vite.

– Vous croyez que ce cheval me convient ? demanda le docteur en caressant l'encolure de Patch.

– Il ne peut rien vous arriver avec lui, affirma Steph.

– Bonjour ! Vous êtes Marianne Dinmore ? s'écria Mme Reg en s'approchant du petit groupe.

– Ces jeunes filles m'ont déjà choisi une monture.

– Pourquoi Patch ? s'exclama Mme Reg. Merci de votre aide, les filles. Vous pouvez partir en promenade, je m'occupe du Dr Dinmore.

En s'éloignant, les trois amies entendirent les deux femmes éclater de rire.

– Ce n'est pas le genre de Mme Reg de raconter des blagues, s'étonna Lisa.

– Elle essaie peut-être de mettre le Dr Dinmore à l'aise, répondit Steph.

Une demi-heure plus tard, les trois cavalières se baladaient dans les champs.

– C'est moins humide que la semaine dernière, constata Carole.

Elle relâcha les rênes pour laisser Diablo se diriger à sa guise.

– Oui, c'est praticable, approuva Steph.

Elle immobilisa Arizona, alors que Lisa tentait de calmer Délilah.

– Elle aime les ruisseaux, mais pas les flaques ! commenta Lisa, amusée.

Elles s'engagèrent sur un sentier forestier. Soudain, un bruit de moteur se fit entendre. Diablo fit un brusque demi-tour et se trouva nez à nez avec Arizona. Délilah aussi fit un écart. Carole talonna Diablo pour le remettre sur le chemin.

Le bruit se rapprocha, et Max surgit dans le virage au volant d'un tracteur. Il transportait des bottes de foin. Il eut l'air aussi surpris que les filles.

– Salut ! dit-il en arrêtant le moteur.

– Qu'est-ce que tu fais là ? demanda Lisa.

Max parut un peu gêné :

– Je vous retourne la question !
– On est en balade ! rétorqua Steph. Et toi ? Ça n'aurait pas un rapport avec ta surprise, par hasard ?
– Il y a des chances ! répondit Max, énigmatique. Prenez un autre sentier, s'il vous plaît, celui-ci est fermé.
Les trois filles rebroussèrent chemin.
– Si on attendait quelques minutes, on pourrait l'espionner ! proposa Steph.
– Non, répliqua Carole, Max n'apprécierait pas. Allons ailleurs.
Elles s'éloignèrent du Pin creux et s'enfoncèrent dans les bois. Un petit vent de printemps avait séché la boue, les chevaux allaient au pas, confiants et heureux.
– C'est ce que je préfère dans l'équitation ! déclara Steph en soupirant d'aise.
– Je croyais que c'était le dressage, ironisa Lisa.
– En compétition ou dans un manège. Mais ici, le bonheur, c'est ça !
– Je suis d'accord, approuva Lisa.
– Vous croyez qu'Émilie a déjà fait de la

randonnée ? demanda soudain Carole.
– Tu plaisantes ? lança Lisa. Si son cheval s'emballe, il n'y a pas de barrières pour le retenir.
– Et il faut plus d'équilibre sur un sol irrégulier, ajouta Carole.
– P.C. en est capable, trancha Steph. J'en suis sûre.
Il y eut un silence. Les trois amies imaginaient la joie qu'éprouverait Émilie à connaître un tel sentiment de liberté.

À la fin de leur promenade, les filles firent marcher leurs montures dans l'allée pour les sécher. En passant devant le manège couvert, elles aperçurent Veronica qui s'entraînait avec Condor. Le cheval raccourcissait et allongeait aisément sa foulée pour franchir des barres posées à intervalles irréguliers sur le sol.
Veronica leur adressa un rapide signe de tête ; puis elle dirigea Condor vers la diagonale et le poussa au trot.
– C'est insupportable, grommela Steph,

elle va bientôt le faire piaffer !

– Elle monte bien, admit Lisa à contrecœur. Pourtant ça ne lui ressemble pas d'être ici un dimanche ! Elle doit se préparer pour la surprise de Max.

– Bien sûr ! Mademoiselle de la haute société sur son cheval de première classe, commenta Steph. Elle veut gagner le premier concours hippique de Condor pour nous prouver sa supériorité. Le pire, c'est qu'elle va y arriver !

– Calme-toi, dit Carole. Arizona est aussi un bon cheval !

– Je sais, répondit Steph en grattant la tête de sa jument.

– Voyons les choses du bon côté ! lança Lisa. Souvenez-vous : Max a dit que ce serait un événement « différent » ! Il a presque affirmé que Veronica ne gagnerait pas.

– J'espère qu'il a raison. Depuis qu'elle a Condor, elle est encore plus arrogante ! Il est grand temps qu'on lui rabatte le caquet !

– Tout à fait d'accord, déclara Carole.

4

Lundi après-midi, la mère de Lisa emmena les trois amies à la Rêne libre.

Cette fois, les chevaux étaient dans leurs boxes, et il y avait foule dans l'écurie. Mme Payne vint les accueillir.

– Quand il y a des leçons, c'est toujours mouvementé, expliqua-t-elle. Pat, notre monitrice, est en train de donner un cours privé. Trois élèves doivent être prêts pour quatre heures et demie.

– Trois seulement ? demanda Carole, étonnée.

Le Club du Grand Galop était habitué aux groupes de six ou huit personnes.

– Trois cavaliers, précisa Mme Payne, huit bénévoles, un instructeur, deux volontaires pour nettoyer les boxes, trois parents qui regardent leurs enfants monter, vous trois, moi-même…

– Voici Émilie ! s'écria Lisa en agitant la main.

– Et Émilie. Ce qui fait…

– Vingt-deux personnes, calcula Lisa.

– C'est exact.

Steph écarquilla les yeux :

– Vous avez bien dit huit bénévoles ?

– Absolument. Presque tous nos cavaliers ont besoin d'aide. Il faut marcher à côté d'eux pour les empêcher de tomber, il faut tenir le cheval en longe pour éviter qu'il s'emballe. Venez, je vais vous présenter Joshua. Il est autiste.

Joshua avait douze ou treize ans. Il se tenait dans un box près d'un robuste cheval avec

deux bénévoles, un peu plus âgées que les trois amies.
– Nous allons nettoyer Ditto. Tu te souviens ? demanda l'une d'elles.
Le garçon ne répondit pas. Il avait un beau visage et semblait parfaitement normal ; sauf qu'il ne prêtait aucune attention à ce qui se passait autour de lui.
– Que fait-on en premier ? poursuivit la jeune fille.
Joshua ne broncha pas, comme s'il ne l'avait pas entendue.
– Joshua ? Montre-moi par quoi on commence, insista la bénévole en levant un seau rempli d'outils de pansage.
Lentement, Joshua tendit la main et toucha l'étrille en caoutchouc :
– Très bien !
Elle lui plaça l'étrille dans la main, et il se mit à brosser le cheval.
– Joshua, Sarah, Darcy, voici Lisa, Steph et Carole. Elles vont nous aider aujourd'hui. C'est leur première expérience, expliqua Mme Payne.

Carole observait avec intérêt comment Sarah s'y prenait avec Joshua. Il était clair que le garçon savait exactement ce qu'il fallait faire, mais ne s'exécutait qu'à la demande de Sarah. Son visage restait sans expression. Quand Sarah l'envoya chercher la selle de Ditto, Carole la questionna sur l'autisme.

– C'est une maladie mystérieuse, répondit Sarah. On dirait que les autistes refusent de communiquer ; ils supportent mal les changements dans leur environnement. Joshua comprend le langage, mais il ne parle pas.

– Il aime monter ? demanda Carole.

– Sans doute ! Sinon, personne ne pourrait l'y obliger ! Mais il n'a jamais l'air vraiment heureux.

Les trois amies se séparèrent. Lisa aida Toby, un petit garçon trisomique. Sam, un volontaire, le bombardait de questions tout en pansant Duchesse, une jument grise.

– Combien de jambes a Duchesse ?

Toby se pencha et compta :

– Quatre !

– Bravo ! Combien de pieds ?
– T'es bête, ou quoi ? gloussa Toby. Quatre ! C'est comme les jambes !
– Bien vu ! Maintenant, combien a-t-elle d'épaules ?
Toby se concentra :
– Deux !
– Bien ! le félicita Lisa. Et combien sommes-nous dans ce box ?
– Quatre !
– Non, trois : toi, moi et Sam.
– Tu te trompes, dit Toby, espiègle : toi, moi, Sam et Duchesse. Quatre !

L'élève de Steph, Claire, était une fillette de dix ans. Elle souffrait d'un handicap de croissance, et elle était aveugle.
Wendy, une autre bénévole qui s'occupait d'elle, invita Steph à observer comment elle faisait.
À la grande surprise de Steph, Claire savait où se trouvaient les ustensiles et les reconnaissait au toucher. Elle posa les deux mains sur son cheval.

– Explique à Steph pourquoi tu te mets ainsi, demanda Wendy.
– Pour savoir quand mon cheval bouge. Je ne veux pas être écrasée.
– Moi non plus ! s'écria Wendy. Que feras-tu s'il se déplace ?
Claire pouffa :
– Je danserai avec lui !

Pendant la leçon, le Club du Grand Galop se contenta de marcher à côté des chevaux. Les bénévoles plus expérimentés guidèrent les montures et s'assurèrent des cavaliers. Les enfants décrivirent des figures, tournèrent autour de poteaux en se tenant debout dans leurs étriers. Penchés sur leur selle, ils s'amusèrent à toucher leurs orteils et différentes parties du cheval. Puis ils lancèrent des balles dans un panier de basket. Pour terminer la leçon, Pat les fit trotter.
– C'est ça ! Continue, Toby, c'est formidable ! cria Pat.
Steph échangea un regard avec Carole. Toby souriait, radieux, mais Steph ne trouvait pas

son trot digne d'un tel compliment.

– À toi, Joshua !

Le garçon partit aussitôt au trot. Il se tenait bien droit, mais ses rênes étaient lâches, et ses talons trop hauts. Steph songea que Max n'aurait pas manqué de la corriger si elle s'était tenue aussi mal, même à ses débuts.

– Très bien ! Essaie de tenir tes talons plus bas, dit simplement Pat.

Steph était un peu déroutée par ce cours inhabituel.

– Claire, tu te sens courageuse aujourd'hui ? demanda Pat.

– Plus ou moins, murmura la petite fille.

– Assez courageuse pour trotter ?

– Steph ! cria soudain Claire.

– Je suis là !

– Tu peux rester près de mon cheval, toi aussi ? demanda Claire.

– Bien sûr.

– Il y a quatre personnes autour de toi, tu ne peux pas tomber. On y va ? Mesdames et messieurs, voici le premier trot de Claire !

Claire inspira longuement et talonna son

cheval. Elle s'accrocha au pommeau et rebondit sur sa selle.

– Détends-toi, lui dit Steph, tu te débrouilles très bien.

Quand Claire s'arrêta au bout de la piste, son visage rayonnait de bonheur. Elle se pencha pour embrasser son cheval.

– J'ai réussi ! s'écria-t-elle.

Pat et tous les bénévoles applaudirent.

– Fantastique !

Cette fois, Steph était entièrement d'accord.

– C'était génial ! déclara Lisa. J'étais... je me disais que ce n'était pas vraiment de l'équitation, mais quand j'ai vu Claire trotter, j'ai changé d'avis.

– Moi aussi, avoua Steph.

– Imagine comme c'est difficile pour elle de trotter, ajouta Carole. Tu te rends compte ? Claire n'a jamais vu personne le faire. C'est remarquable.

À la fin du cours, un homme vint voir Steph, Carole et Lisa.

– Je suis le père de Toby, se présenta-t-il.

Merci de votre aide, Mesdemoiselles.
– Enchanté, fit Lisa. Je l'ai aidé à se préparer. Il a drôlement bien compté toutes les parties de son cheval !
– Il apprend le calcul à l'école, expliqua l'homme. Comme il a des difficultés avec les chiffres, les moniteurs l'aident. Toby est passionné d'équitation.
– Ça se voit ! remarqua Lisa.
– Depuis combien de temps monte-t-il ? demanda Steph.
– Trois ans.
Les jeunes filles se regardèrent, consternées. Même Lisa, qui avait appris l'équitation un peu tard, avait été capable de trotter et galoper au bout de quelques leçons.
– Je sais ce que vous pensez, dit le père de Toby, mais, croyez-moi, il a fait d'énormes progrès ici. Au début, il avait peur des chevaux et refusait de les toucher. Maintenant, il les panse, il joue avec eux et tient lui-même les rênes quand il monte. Il a de plus en plus confiance en lui, nous le constatons à la maison, et aussi à l'école. Voilà !

Je tenais à vous remercier de votre gentillesse.

Quand le père de Toby fut parti, le Club du Grand Galop aida les cavaliers à desseller. Elles aperçurent Émilie, qui arrivait avec P.C.

– Tu as un cours ? lui demanda Steph.

– Non, je fais juste un tour. J'ai une demi-heure avant la prochaine leçon.

– On peut rester ? s'enquit Lisa. Ma mère vient nous chercher dans vingt minutes. On aimerait bien voir P.C. au travail.

Émilie sourit :

– Alors, regardez ça !

Elle tapota doucement la tête du cheval. P.C. la baissa pour qu'Émilie puisse lui passer le mors.

– Si je lève les bras, je perds mon équilibre, expliqua Émilie. Avant, j'avais besoin d'aide pour harnacher mon cheval. Quand j'ai eu P.C., je lui ai appris ça !

– C'est super ! s'écria Steph. J'ai vu des chevaux à qui on apprenait des tours, mais

c'est la première fois que je trouve ça utile.
Émilie conduisit P.C. sur la piste.
– Voulez-vous m'aider ? demanda-t-elle.
– Bien sûr, dit Lisa. Que faut-il faire ?
– Juste tenir P.C. près de la rampe de monte. Je mets du temps à grimper sur son dos, et je ne voudrais pas que quelque chose l'effraie.
Au Pin creux, on utilisait un billot de bois avec des marches sur le côté. À la Rêne libre, une rampe remplaçait le billot. Émilie retira ses appareils orthopédiques et saisit les rênes. Elle agrippa la selle, glissa son pied gauche dans l'étrier, puis, avec précaution, passa sa jambe au-dessus de P.C. et cala son pied dans l'étrier.
Steph, Lisa et Carole la regardaient, admiratives. Une fois dans la selle, Émilie n'était plus la même. Elle se tenait droite et fière. Avec autorité, elle guida P.C. vers le manège extérieur et le fit trotter, puis elle empoigna sa crinière et se tint légèrement en suspension sur sa selle.
– Je fais toujours ça pour qu'il s'échauffe, expliqua-t-elle.

Elle décrivit des cercles, des huit, puis fit deux tours de piste au galop, toujours en position enlevée. Elle ramena P.C. au trot ; puis, lentement, le remit au pas.

Le visage concentré de la jeune fille respirait la joie.

Les trois amies se consultèrent du regard, et Steph lança :

– Émilie, veux-tu venir en balade avec nous ?

5

– Vous êtes sérieuses ? demanda Émilie en arrêtant P.C.

Ses yeux étincelaient.

– Et comment ! répondit Steph. Il y a plein de chemins de randonnée autour du Pin creux. On aimerait vraiment que tu te joignes à nous.

– J'adorerais ! Je ne me suis jamais promenée à cheval en dehors du centre !

– Nous avons de très bons chevaux, mais si

tu préfères amener P. C..., suggéra Carole.
– Oh oui ! Je ne peux plus me passer de lui. Et je ne veux pas le priver d'une balade, il sera aussi heureux que moi !
Émilie réfléchit un instant et reprit :
– Il y a un van à la Rêne libre, maman l'a déjà conduit. Je pense que nous pourrons l'emprunter.
– Il faut demander à Max, notre directeur, prévint Lisa. Il sera certainement d'accord, il est très gentil.
Elle fouilla dans sa poche pour y prendre un morceau de papier. Carole lui tendit un stylo.
– Je vais noter ton numéro de téléphone et te donner les nôtres. On a un cours demain, on lui demandera.
– Super !
– Ta mère est là, Lisa, annonça Steph en entendant un bruit de voiture. À bientôt, Émilie !
– J'espère. Ça va être génial !

Le lendemain, après leur leçon, les trois amies pansèrent et nourrirent leurs chevaux.

Puis elles nettoyèrent leurs boxes et la sellerie. Steph ratissa toute l'écurie, Carole remplit d'eau tous les seaux, Lisa mit de l'ordre dans le vestiaire et lava le sol.
Max fut épaté par leur zèle :
– Mesdemoiselles, je suis très impressionné ! Vous n'avez pas travaillé aussi dur depuis le jour où vous avez peint Diablo en rouge !
– Oh, Max ! grommela Carole.
Elle détestait se rappeler cette mésaventure : le trio avait voulu repeindre la façade des écuries, et la peinture avait coulé sur le cheval[1] !
– Ça, c'était il y a longtemps ! Tu sais bien que le travail ne nous fait pas peur !
– C'est vrai, reconnut Max. Comment vous remercier ?
– Eh bien, justement, il y a une chose..., commença Steph.
– Une petite, toute petite..., continua Lisa.
– D'ailleurs, tu as déjà été d'accord une fois, ajouta Carole.

1. Lire *Une sacrée équipe,* n° 616 de la série Grand Galop.

Max s'assit sur un banc et croisa les bras :
– Alors pourquoi tous ces efforts ? Et pourquoi me passez-vous de la pommade ?
– C'est très important, insista Steph.
– Allez-y.
– Nous voulons emmener quelqu'un en balade avec nous, expliqua Lisa.
Max éclata de rire :
– Je vois ! C'est un garçon, n'est-ce pas, Lisa ? Il est mignon, mais il n'est pas très expert, et…
– Non ! le coupa Lisa en rougissant.
– Il s'agit d'Émilie, une fille qui monte à la Rêne libre, intervint Carole. Elle souffre d'une maladie génétique.
Le sourire malicieux de Max céda la place à une expression de sympathie.
– J'aimerais bien accepter, répondit-il finalement. Mais c'est une énorme responsabilité pour vous…
– Max, s'il te plaît ! s'écria Steph. On ne te le demanderait pas si Émilie n'en était pas capable !
Max les considéra longuement :

– Venez dans mon bureau. Nous allons téléphoner à Debbie Payne.

La directrice de la Rêne libre n'avait pas dû s'opposer au projet, car Max avait l'air rassuré en raccrochant.
– Vous avez le numéro d'Émilie ? demanda-t-il. Je voudrais parler à sa mère.
Lisa lui tendit le bout de papier :
– Tu peux mettre le haut-parleur, s'il te plaît ?
Max s'exécuta :
– Madame Williams ? Je suis Max Regnery. Je dirige le centre équestre du Pin creux, et je voudrais…
– Ah, bonjour ! Je suis ravie de vous entendre : depuis hier soir, Émilie ne parle plus que de cette promenade à cheval !
– Tant mieux ! Cela m'évite de vous exposer le but de mon appel. Voilà ! Je viens de discuter avec Mme Payne. Elle pense qu'Émilie monte suffisamment bien pour participer à cette balade. De plus, son cheval a l'air très calme.

– Je ne suis pas inquiète pour ma fille. C'est un défi de plus pour elle ! Nous l'avons toujours encouragée à être indépendante. Mais dites-moi : ces trois jeunes filles sont-elles sérieuses ? Peut-on compter sur elles ?

Max fit un clin d'œil à Steph, Carole et Lisa.

– Elles sont très responsables, et elles ont toute ma confiance, dit-il solennellement.

Mme Williams bavarda encore quelques instants avec Max avant de passer le téléphone à Émilie. Il fut convenu que les quatre cavalières se retrouveraient au Pin creux le samedi suivant à neuf heures trente.

– C'est parfait, on aura un peu de temps avant notre réunion hebdomadaire, se réjouit Carole. Et, le samedi, on fait toujours un pique-nique. Ça te plairait de te joindre à nous ?

– Vraiment ? Vous m'invitez ?

– Absolument, intervint Steph. C'est plus facile de partager les sandwiches en quatre qu'en trois !

– J'apporterai un dessert, proposa Émilie.

Est-ce que ta jument aime les bananes ?

– Non, pas spécialement.

– P.C. non plus n'apprécie pas ! Alors j'apporterai autre chose. À samedi !

Max sourit :

– J'ai hâte de la rencontrer ! Elle me fait penser à toi, Steph.

6

Samedi matin, en entrant dans les écuries du Pin creux, Steph, Carole et Lisa s'arrêtèrent net. Mme Dinmore, la vieille dame qu'elles avaient aidée le week-end précédent, était en train de brosser Calypso !

C'était une magnifique jument que Max avait achetée spécialement pour l'élevage. Comme tous les pur-sang, elle était nerveuse et ombrageuse. On ne l'utilisait presque jamais pour les cours.

– Docteur Dinmore, vous n'auriez pas dû la sortir de son box ! s'exclama Carole. Elle est un peu vive !
Doucement, elle prit le bras de la femme et l'éloigna de la jument, que Lisa et Steph ramenèrent à son box.
Mme Dinmore les considéra d'un air amusé :
– C'est Mme Reg qui m'a désigné cette jument.
– Calypso ? C'est impossible ! s'écria Steph.
– C'est pourtant ce qu'elle a dit.
Le Dr Dinmore portait un chemisier blanc avec une lavallière et un pantalon de cheval très bizarre. Elle ne ressemblait pas plus à une cavalière que la première fois.
– Elle n'a pas plutôt parlé de Diablo ? intervint Lisa. Sans vouloir vous vexer, elle ne vous confierait pas Calypso. Même nous, nous n'avons pas le droit de la monter !
– Ou alors Délilah ? suggéra Carole.
– Non, non, elle a bien mentionné Calypso, s'obstina le Dr Dinmore.

– Venez voir Délilah, lui proposa Carole. Je suis sûre que vous l'aimerez !

– Nous vous montrerons comment la panser, ajouta Lisa.

– Où est votre bombe ? demanda Steph. Il faut la mettre, vous savez !

– Écoutez, jeunes filles, j'apprécie beaucoup votre aide, mais…

– Qu'ont-elles encore inventé ? s'exclama Mme Reg en sortant du bureau.

– Mme Dinmore avait compris que vous lui proposiez de monter Calypso, expliqua Steph.

– Alors, enchaîna Carole, nous lui avons dit que Délilah était plus appropriée.

– Et pourquoi cela ? fit Mme Reg avec un petit sourire.

– C'est que… comme elle débute… on a pensé que…

– C'est moi qui attribue les chevaux, coupa Mme Reg. D'accord ?

– D'accord.

Les trois jeunes filles haussèrent les épaules. En s'éloignant, elles l'entendirent

lancer au Dr Dinmore dans un éclat de rire :
– Elles vous ont prise pour un fossile, ma foi !
Le Club du Grand Galop n'y comprenait plus rien.

Steph, Carole et Lisa brossèrent leurs chevaux et préparèrent les harnais pour l'arrivée d'Émilie. Elles avaient à peine terminé qu'un van bleu vint se garer devant les écuries. Émilie les salua de la main tandis que sa mère l'aidait à descendre. La jeune fille portait un pantalon d'équitation sous ses appareils orthopédiques et était coiffée de sa bombe. Lisa et Carole firent sortir P.C. du van pendant que Steph se présentait à Mme Williams.
P.C. regardait calmement autour de lui. La découverte d'un endroit inconnu semblait l'intéresser, mais il n'était pas du tout agité. Les trois amies aidèrent Émilie à décharger son équipement, saluèrent sa mère et se dirigèrent vers l'écurie.
– Un instant ! les interpella Mme Williams

en sortant du camion un fauteuil roulant.
– Oh, Maman ! s'écria Émilie en faisant de gros yeux.
– La journée sera longue, et tu risques d'être fatiguée, ma chérie. Mieux vaut l'avoir sous la main !
Émilie grommela et demanda à Steph s'il y avait un endroit pour le cacher.
Steph poussa le fauteuil jusqu'aux vestiaires pendant que Carole et Lisa indiquaient à Émilie un box pour P.C.
– Avant de monter à cheval, je passais mon temps dans cette horreur à roulettes ! Les béquilles sont un fameux progrès.
– C'est grâce à l'équitation que tu peux te déplacer sans fauteuil ? demanda Lisa en sellant Délilah.
– Oui, et c'est génial ! Les mouvements du cheval d'avant en arrière correspondent exactement à ceux de la hanche et de la jambe quand tu marches, expliqua Émilie. Ça développe les muscles et augmente la souplesse.
– Tiens, je ne le savais pas !

– Eh bien, je t'apprendrai des trucs de ce genre… si tu veux bien me faire découvrir la randonnée ! Alors ? Où allons-nous ?

Parlant toutes les trois à la fois, Steph, Carole et Lisa se mirent à décrire les promenades autour du Pin creux. Quand vint le moment du départ, surgit un problème auquel personne n'avait pensé : Émilie pâlit en apercevant le billot qui permettait de se mettre en selle.
– On va t'aider ! la rassura Steph.
Malgré les efforts de ses amies, Émilie ne put lever le pied assez haut pour gravir la première marche. Carole tenait les chevaux, qui s'impatientaient.
– Si je te faisais la courte échelle ? proposa Steph.
– Non, ça ne marchera pas.
À cet instant surgirent Bob O'Malley, le palefrenier du Pin creux, et Veronica.
– Laissez-moi faire, dit Bob tranquillement.
Il prit Émilie dans ses bras, la souleva et la posa délicatement sur P.C.

– Merci beaucoup, soupira-t-elle, rouge de confusion, en chaussant ses étriers.

Comme si l'épreuve n'avait pas déjà été assez difficile pour Émilie, Veronica la fixait bouche bée. On aurait dit qu'elle regardait une extraterrestre.
Steph donna le signal du départ. Dès qu'elles se furent éloignées des écuries, le malaise d'Émilie disparut. Elle aspira une grande bouffée d'air printanier et contempla les champs autour d'elle.
– On va prendre le sentier le long du ruisseau, annonça Lisa. On te montrera le rocher où on pique-nique à la belle saison.
– Le chemin est plat et par endroits assez large pour qu'on avance de front, ajouta Carole. Comment te sens-tu ?
– Super !
Émilie était maintenant parfaitement détendue. Le Club du Grand Galop avait soigneusement organisé l'ordre de marche : Carole menait sur Diablo, Émilie suivait, puis venaient Steph et Lisa. Quand elles

étaient côte à côte, elles veillaient à garder Émilie au centre.

Les premières fleurs sauvages commençaient à éclore. Une petite brise agitait les branches et l'herbe nouvelle. La jeune fille regardait autour d'elle, les yeux brillants de bonheur.

Elles prirent un sentier à travers bois jusqu'au bord de la rivière. Comme l'endroit était large et dégagé, Carole proposa de trotter. Émilie donna un petit coup de cravache à son cheval, et P.C. partit devant.

Un peu plus loin, le chemin se rétrécissait. La jeune fille s'arrêta.

– Tu utilises ta cravache pour le mettre au trot ? remarqua Carole.

– Oui, toujours. Je ne peux pas me servir de mes jambes pour le diriger. Alors je m'aide de ma cravache, pas pour le punir, mais pour lui donner des instructions.

– Il a été dressé pour ça ?

– Les moniteurs de la Rêne libre lui ont fait suivre l'entraînement d'équitation thérapeutique. Il a tout appris en quelques mois. Il est formidable !

– J'ai du mal à imaginer qu'un cheval obéisse alors qu'on ne lui transmet pas les ordres avec ses jambes ! insista Carole, incrédule.

– Eh bien, si ! Je ne suis pas la première à en faire l'expérience. Au Danemark, dans les années cinquante, il y avait une célèbre cavalière de dressage, Lise Hartel, qui avait eu la polio et était paralysée des membres inférieurs. Figurez-vous qu'elle a gagné deux médailles d'argent aux jeux Olympiques ! C'est elle qui a inventé l'équitation thérapeutique.

– C'est pour ça que tu aimes le dressage ? demanda Lisa.

– Je l'aime pour plusieurs raisons. Surtout parce qu'il faut comprendre les chevaux pour réussir. Et puis, si Lise Hartel a pu le faire, pourquoi ne serais-je pas capable, moi aussi ?

Elle se promenèrent presque une heure avant de rentrer. Elles finirent la balade en beauté, poussant leurs chevaux au galop sur la dernière droite.

Quand elles arrivèrent au Pin creux, Bob aida Émilie à descendre de sa monture. À la surprise des trois amies, Veronica, qui laissait toujours les autres s'occuper de son cheval, était en train de panser Condor. Elle l'avait bichonné des sabots à la pointe des oreilles, lui avait peigné la crinière et tressé la queue.

Steph enrageait. Manifestement, Veronica avait décidé de gagner. Qui pouvait battre un cheval pareil ?

Poliment, Émilie demanda à Veronica d'écarter un peu Condor pour laisser passer P.C.

Veronica s'exécuta en grommelant.

– Attention ! hurla-t-elle, quand la béquille d'Émilie passa à un centimètre du sabot de Condor. Tu fais peur à mon cheval !

Émilie continua d'avancer sans répondre. Tout le monde avait bien vu qu'elle n'avait pas effrayé Condor. Par contre, les cris de Veronica le rendaient nerveux.

– Qu'est-ce qui vous prend d'amener des gens comme ça ici ? siffla Veronica en se tournant vers les trois amies. Mettez-la sur un poney, et promenez-la dans le paddock de derrière !

Steph, Carole et Lisa étaient scandalisées. Veronica dépassait les bornes !

– Comme quoi, intervint Émilie en s'éloignant, on peut être riche et n'avoir aucune éducation !

Le Club du Grand Galop dépassa une Veronica complètement interdite. Quand elles furent à l'autre bout des écuries, Steph félicita Émilie :

– Tu as été parfaite ! C'est exactement comme ça qu'il faut réagir avec cette peste !

– Oublions la sorcière et allons déjeuner ! proposa Lisa.

7

Les quatre amies déjeunèrent joyeusement sur la colline derrière les écuries.

– C'est tellement agréable ! déclara Émilie en s'étirant dans l'herbe. J'adorerais monter tout le temps dehors.

– Moi aussi, dit Lisa.

– Quand je saute à l'intérieur, j'ai toujours l'impression que je vais me cogner la tête au plafond ! confia Steph.

Tout le monde éclata de rire.

Le petit groupe décida d'arriver un peu en avance à la réunion de Max pour qu'Émilie puisse s'installer confortablement. Tous les cavaliers parlaient de la surprise de Max. Ils ne furent pas déçus : Max entra en soufflant dans un cor de chasse et déroula une bannière sur laquelle on pouvait lire : « Première compétition junior de cross-country de Max Regnery ».

– Il s'agit d'une course d'obstacles avec des règles spéciales, expliqua Max. Par exemple, vous devrez sauter une barrière au trot, au lieu de galoper. Ou immobiliser votre cheval et reculer de quelques foulées avant de continuer, ouvrir et refermer une barrière en restant en selle, traverser une rivière ou un pont. Ce qui compte avant tout, c'est la façon dont le cheval obéit à son cavalier.

Il se tut un instant avant de reprendre :

– J'ai organisé des épreuves auxquelles tout le monde pourra participer. Certains jeunes élèves ne savent pas très bien sauter, et ce ne serait pas fair-play de les opposer à Carole et Diablo, par exemple.

Carole ne cacha pas sa fierté. Les plus jeunes semblaient soulagés de ne pas devoir l'affronter, et Veronica pâlit de jalousie.

– Voici les détails, continua Max. La compétition se déroulera sur les chemins du Pin creux, vous passerez un par un.

Lisa sourit. Voilà donc ce que faisait Max avec son tracteur !

– À chacune des dix étapes du parcours, enchaîna Max, deux juges vous indiqueront l'épreuve à surmonter. Vous ne les connaîtrez pas à l'avance. J'insiste sur le travail d'équipe du cavalier et de sa monture. Vous ne serez pas jugés sur votre style, mais sur la manière dont votre cheval abordera et négociera l'obstacle. Il y aura un prix pour le vainqueur et des rubans pour les six suivants. Est-ce que la compétition vous tente ?

– Oui ! s'écrièrent tous les cavaliers.

Lisa se pencha vers Steph et Carole et chuchota :

– Ce n'est pas gagné pour Condor. Je ne l'ai jamais vu marcher dans l'eau !

– Moi non plus. D'après Veronica, il

marche *sur* l'eau, mais pas dedans, pouffa Steph.
– On peut la battre ! se réjouit Carole.
– Je suis sûre que vous y parviendrez ! dit Émilie.

Les cavaliers se dispersèrent dans le désordre. Lisa remarqua soudain qu'Émilie avait l'air fatiguée.
– Steph ! appela Max, je n'ai pas encore rencontré votre nouvelle amie. Comment était la promenade ?
– Fantastique ! répondirent ensemble les quatre jeunes filles.
Alors qu'elles bavardaient avec Max, Veronica conduisit Condor sur la piste devant les écuries.
– Quel beau cheval ! souffla Émilie.
Veronica, très concentrée, faisait marcher Condor en arrière. Elle le fit tourner sur les antérieurs et les postérieurs, puis le mit au galop, avec des changements rapides de position.
Quand elle arrêta sa monture, Émilie s'ap-

procha et la félicita :

– Il est splendide, et tu le montes vraiment bien !

– Merci, fit Veronica du bout des lèvres. J'imagine que tu es contente d'assister une fois dans ta vie à une *vraie* leçon d'équitation.

– Partons ! lança Steph. Encore un mot, et je la tue !

– Tu pourrais venir voir la compétition le week-end prochain, continua Veronica. Ça te changerait de vos tours de poneys à la Rêne libre !

– Mais… moi aussi, je sais monter ! riposta Émilie, écarlate.

– Viens ! murmura Steph en la prenant par le coude, ne l'écoute pas !

Émilie haussa les épaules et retourna vers les écuries, mais ses amies virent qu'elle avait les yeux pleins de larmes.

8

– Tu as essayé d'être gentille avec elle, dit Carole, et c'est tout à ton honneur, mais ça ne sert à rien. Cette snobinarde est persuadée qu'elle sait tout, et elle ne changera jamais.

Émilie s'affala sur une botte de foin, retira ses béquilles et s'essuya les yeux :

– De quel droit elle a critiqué ma façon de monter ? Je suis une cavalière comme elle !

– Nous le savons, lui assura Steph en s'asseyant à côté d'elle.

– Le seul remède contre le venin de Veronica est le chocolat, affirma Lisa. Ma grand-mère m'a donné de l'argent pour mon anniversaire. Je vous invite toutes chez Sweety ! Émilie, c'est à une centaine de mètres d'ici, tu crois que tu peux marcher ?
– Mon fauteuil roulant doit bien servir à quelque chose. Allons-y ! répondit Émilie en essayant de sourire.

Pendant le trajet, Émilie avait l'air complètement déprimée. Elle parlait à peine. Un silence pesant s'abattit sur le petit groupe. Steph se sentait coupable. C'était elle qui avait proposé d'inviter Émilie au Pin creux, et Veronica avait tout gâché.
– C'est sympa ici, déclara Émilie en entrant chez le glacier. Et ça sent drôlement bon !
La serveuse vint prendre la commande. Lisa et Carole commandèrent des coupes glacées au caramel. Steph réfléchit un instant :
– Un gâteau au chocolat, dit-elle finalement, avec de la glace pistache, de la sauce à la fraise, des cacahuètes et une cerise au marasquin.

Steph adorait les mélanges farfelus. Lisa et Carole guettèrent la réaction d'Émilie. La jeune fille ne broncha pas.

– Je voudrais un gâteau au chocolat, moi aussi, annonça-t-elle quand la serveuse l'eut interrogée à son tour ; mais avec un sorbet citron, une sauce caramel et des nounours en gomme par-dessus. Oh, et une cerise au marasquin !

Steph, Carole et Lisa échangèrent un regard stupéfait. Le sourire de la serveuse disparut.

– Encore une ! grommela-t-elle en s'éloignant.

– Qu'est-ce que j'ai fait ? s'étonna Émilie.

– Rien, l'assura Steph. Je vois que nous avons beaucoup de points communs !

Lisa triturait nerveusement le papier de la nappe :

– Émilie, nous sommes désolées pour l'incident avec Veronica.

– On voulait que tu passes un bon moment, ajouta Carole.

– Ne vous excusez pas. Je ne suis pas

fâchée contre vous, et j'ai honte d'avoir boudé. Mais l'attitude de Veronica m'a surprise. Elle m'a vraiment blessée.

Elle attendit que la jeune femme dépose sur la table les coupes glacées.

– Ça va me servir à quelque chose ! reprit-elle avec force.

– Comment ça ? s'enquit Steph.

– Pour lui prouver qu'elle se trompe, je vais m'appliquer encore plus pendant mes leçons.

Émilie prit un peu de sa mixture. Carole grimaça en détournant le regard.

– Une bonne vengeance, ce serait encore mieux, répliqua Steph.

– Tout à fait d'accord, approuva Émilie, la bouche pleine.

– Quel genre ? demanda Lisa.

– Si on plantait une aiguille dans sa selle ? proposa Steph.

– Non, il faut quelque chose de positif, objecta Émilie.

– Montrer à Veronica à quel point tu montes bien, par exemple, suggéra Lisa.

– Le montrer à tout le monde, renchérit Steph.

– En participant à la compétition ! s'exclama Carole.

Le visage d'Émilie s'éclaira :

– Wouah ! Ce serait génial !

– Et quelle leçon pour Veronica ! intervint Lisa.

– Surtout si P.C. battait Condor, ajouta Carole.

– Je m'en fiche, intervint Émilie. Je ne serai même pas au classement. Mais je veux au moins finir le parcours. Essayer serait déjà une victoire sur moi-même.

Les quatre jeunes filles terminèrent leurs coupes en silence. Elles réfléchissaient.

– Vous croyez que je peux le faire ? demanda finalement Émilie.

– Bien sûr ! affirmèrent les trois amies d'une seule voix.

– Il reste une semaine avant la compétition, remarqua Steph. C'est largement suffisant.

– Je m'entraînerai tous les jours à la Rêne libre.

– On viendra t'aider à préparer P.C. On installera des obstacles dans le manège, suggéra Carole.
– Vendredi prochain, viens faire une autre balade avec nous ! proposa Lisa. On en profitera pour demander à Max si tu peux concourir.
– Non, Lisa, dit Steph. Pas tout de suite. Ce qu'il faut faire, c'est travailler de notre côté jusqu'à ce qu'on soit prêtes. Ensuite seulement, on ira voir Max.
– J'attendrai aussi pour en parler à ma mère, décida Émilie.

Ce soir-là, Steph utilisa la touche « conférence » du téléphone de ses parents pour parler en même temps à ses amies et à Émilie :
– Réfléchissons à ce que Max peut préparer comme épreuves.
– Il a dit qu'on ne le saurait pas exactement à l'avance, rappela Émilie.
– Oui, mais il a donné pas mal de détails, remarqua Lisa. On va déjà préparer ce qu'il a mentionné.

– Ce qui me gêne, c'est de sauter des obstacles, soupira Émilie.
– Tu arrives à garder ton appui au trot ? lui demanda Carole.
– Oui, si je m'accroche à la crinière.
– Alors tu pourras sauter ! lui assura Carole. Il y aura un seul obstacle, qui ne sera pas très haut pour que les plus jeunes réussissent à le franchir avec leurs poneys. Et P.C. a une bonne taille. Il est capable de se présenter devant l'obstacle, il faut juste lui apprendre à passer de l'autre côté.
– C'est possible, affirma Émilie. Il apprend vite.
– Et pour ouvrir la barrière ? demanda Steph.
– J'aurai le droit d'utiliser la cravache ?
– Oui ! Je m'en sers, moi aussi. Ce n'est pas difficile, je te montrerai.
– Tout ça a l'air parfait !
– Attendez ! intervint Lisa. Max a dit qu'il faudrait aussi descendre de cheval et remonter.
Tout le monde se souvint de Bob soulevant

Émilie pour la mettre en selle.
– C'est une épreuve stupide ! s'écria Steph.
– Non, répliqua Carole, cet exercice est inscrit dans tous les règlements de concours. Même un jeune cavalier doit être capable de le faire.
– Mais, moi, je ne peux pas ! s'exclama Émilie. Il me faut une rampe.
Le cœur de Lisa se serra.
– Max ne le demandera peut-être pas, lâcha-t-elle.
– Sinon, je serai disqualifiée, et…
– Attends, la coupa Steph, j'ai une idée !

9

– Voici les filles du Pin creux ! s'écria Mme Payne d'une voix enjouée. Max m'a appris que vous vous appeliez le Club du Grand Galop. C'est vrai ?
– Tout à fait, confirma Steph. Nous avons promis à Émilie de l'aider pour certains exercices avec P.C., mais nous voudrions commencer par la leçon.
– Formidable ! Je suggère que vous vous

occupiez des mêmes cavaliers que la semaine dernière.
Elles entrèrent dans les écuries. Carole rejoignit Joshua et les bénévoles qui l'encadraient. Cette semaine, il montait un autre cheval, mais son comportement était identique. Il n'adressa pas un regard à Carole, même quand elle lui parla. Concentré sur le pansage, il sella sa monture sans l'aide de personne. Il était impossible de savoir s'il éprouvait un quelconque plaisir.

Entre-temps, Lisa avait rejoint Toby, qui s'occupait de son cheval, accompagné par Sam. Cette fois, le garçon avait entrepris de compter… les poils de la robe de sa monture. Lisa rit de bon cœur quand il eut déclaré qu'il y en avait « un bon milliard ». Steph, elle, s'occupait de Claire, la petite fille aveugle.
Les trois amies se retrouvèrent devant le manège extérieur, d'où elles observaient leurs protégés.
Une fois sur son cheval, Joshua perdit son

air absent, et son visage s'éclaira. Claire trotta sans avoir peur, et Toby compta correctement les foulées de son cheval. Ce fut une excellente leçon.

Ensuite, ce fut au tour d'Émilie. Lisa conduisit P.C. près de la rampe pour aider la jeune fille à se mettre en selle, tandis que Steph et Carole disposaient des barres, dessinant un L au centre du manège. Émilie se hissa sur son cheval et, après l'avoir échauffé, lui fit effectuer la figurc en L.

Le cheval et sa cavalière réussirent du premier coup. Steph, Carole et Lisa attendaient, un peu crispées, l'étape suivante : le même parcours à reculons. À la différence des autres chevaux, qui détestent reculer, P.C. semblait très à l'aise. Calmement, il s'exécuta. Le Club du Grand Galop applaudit de tout cœur.

– Essayons une figure un peu plus compliquée, proposa Carole.

Les trois amies installèrent une paire d'escabeaux au centre de la piste pour simuler des poteaux d'obstacles.

– Fais-le passer au milieu pour voir comment il réagit, dit Carole.

Puis elle mit une barre au sol entre les escabeaux, avant d'ajouter d'autres traverses.

À chaque fois, le cheval les enjambait sans rechigner. Quand elles dressèrent un X à quelques centimètres du sol, il le sauta tout naturellement.

– Bravo ! le félicita Émilie en lui flattant l'encolure.

Le cheval redressa fièrement la tête.

– Assez de saut pour aujourd'hui ! déclara Carole. Il faut qu'il garde des forces pour la suite.

– Je devrais m'entraîner pour la barrière, suggéra Émilie. C'est ce qu'il y a de plus difficile pour moi.

C'était une manœuvre délicate à effectuer si l'animal n'était pas docile. Après avoir ouvert le loquet, le cavalier devait faire pivoter sa monture pour le refermer. Le Club du Grand Galop avait souvent affaire à des barrières au cours de ses promenades ; l'une des cavalières descendait alors de cheval

pour ouvrir la barrière aux autres.
Steph expliqua en détail la marche à suivre. Comme Émilie s'en doutait, la manœuvre fut plus ardue pour elle que pour son cheval. P.C. attendait patiemment tandis qu'elle maniait maladroitement le loquet. Après plusieurs tentatives, elle l'ouvrit. Elle passa de l'autre côté, mais ne réussit pas à faire pivoter sa monture. De plus, d'une main, elle tenait sa cravache, de l'autre les rênes. Elle regarda ses amies, perplexe : comment allait-elle s'y prendre pour refermer la barrière ?

– Il me faudrait un troisième bras ! plaisanta-t-elle.

– Relâche tes rênes et mets ta cravache dans la même main, suggéra Lisa.

– Non, intervint Carole. Si P.C. s'emballe, Émilie n'aura plus aucun contrôle.

– J'ai déjà du mal à garder mon équilibre ; alors, s'il panique, je suis fichue ! gémit Émilie.

– Il ne te reste plus qu'à utiliser tes jambes pour le faire tourner, déclara Steph.

– Je ne peux pas !
– Il le faut, insista Steph.
Lisa et Carole regardaient Émilie avec compassion, mais Steph reprit :
– Le but de tout ça n'est-il pas de te prouver que tu peux y arriver ? Presse ta cheville contre son flanc et pense très fort : tourne, P.C. !
Émilie était sur le point de fondre en larmes :
– C'est facile à dire pour toi !
Steph la regarda droit dans les yeux :
– Vas-y !
– D'accord, j'essaie !
Elle inspira profondément et, raccourcissant les rênes, appuya sa cheville droite contre le flanc du cheval. P.C. pivota légèrement. Les trois amies applaudirent. P.C. aplatit les oreilles et s'immobilisa. Émilie le flatta de la main qui tenait les rênes.
– Encore un effort, supplia-t-elle.
Enfin, P.C. déplaça ses jambes arrière. Émilie referma la barrière et s'affala sur le cou de sa monture.

– Brave bête ! souffla-t-elle. Ouf ! C'est assez pour aujourd'hui.

– Si tu peux faire ça, tu peux tout faire, se réjouit Steph, les yeux brillants. Descendre et remonter sera un jeu d'enfant !

10

Vendredi après l'école, la mère d'Émilie amena la jeune fille et P.C. au Pin creux pour une nouvelle promenade. Il faisait un temps magnifique. Les sous-bois se couvraient d'un léger voile vert tendre, et les fleurs commençaient à éclore çà et là.

Le Club du Grand Galop courut préparer ses chevaux.

Carole sellait Diablo en se reprochant de l'avoir négligé la semaine précédente. Mais elles avaient accompli un tel travail avec Émilie ! Carole avait découvert à quel point elle aimait enseigner. Peut-être que plus tard, elle déciderait de devenir professeur d'équitation. De toute façon, son futur métier serait en rapport avec les chevaux ; ça, elle le savait depuis toujours.

Lisait peignait la crinière de Délilah. Elle s'était très peu entraînée pour la compétition ; mais, comme Émilie, elle voulait juste monter le mieux possible et ne se souciait pas de gagner. Elle repensa au moment où Émilie avait finalement réussi l'exercice de la barrière, et où elle avait crié : « Victoire ! » en levant les bras au ciel. Un instant inoubliable !

Steph chantonnait en étrillant Arizona. Elle attendait avec impatience la compétition du lendemain, mais, pour la première fois de sa vie, elle se fichait de battre Veronica.

Les trois filles entendirent arriver le van de la Rêne libre et se précipitèrent dehors pour accueillir leur amie. En voyant descendre

P.C., elles remarquèrent qu'il était très sale. Son poil d'hiver hirsute était couvert de boue et de poussière.

– Il s'est roulé par terre dans le paddock, dit Émilie, exaspérée. Nous l'avons nettoyé pendant des heures, et il est toujours aussi dégoûtant ! Il ne sera jamais propre d'ici demain !

– Que se passe-t-il demain ? demanda Mme Williams.

– Je t'expliquerai plus tard, Maman.

Émilie embrassa sa mère. Mme Williams remonta dans le camion en hochant la tête.

– Elle se doute de quelque chose, confia Émilie à ses amies. Elle revient dans une heure et demie, il faut faire vite !

Elles se dépêchèrent de partir en balade.

– Max n'autorise personne à emprunter le sentier de demain, expliqua Steph. On va te montrer d'autres parcours.

Elles gravirent des collines, parcoururent des prés d'herbes folles, des bois boueux, des passages caillouteux et traversèrent plusieurs ruisseaux. Comme Émilie l'avait dit,

P.C. ne craignait pas l'eau ; il semblait l'apprécier, au contraire, tout comme il prenait du plaisir à sauter les troncs qui leur barraient le chemin.

– Il adore ça ! se réjouit Émilie. Il va bien s'en tirer.

Les trois amies échangèrent un sourire.

– Pourvu que tout se passe bien..., commença Lisa.

– Chut ! l'interrompit Steph, croisons les doigts.

– Oui, approuva Émilie. Rentrons ! Je ne veux pas faire attendre maman.

De retour au Pin creux, Émilie demanda à sa mère de la suivre dans le bureau de Max. Le Club du Grand Galop leur emboîta le pas.

Comme les quatre complices se taisaient, c'est Max qui prit la parole :

– Je les connais ! Elles veulent me demander une faveur et ne sont pas sûres de l'obtenir. De quoi s'agit-il ?

– Je voudrais participer à la compétition de demain, lança Émilie d'un trait.

Max cessa de sourire. Il bredouilla :
– Ah… eh bien…
– Elle en est capable, Max ! affirma Steph.
– On a travaillé tous les jours avec elle, ajouta Carole. Fais-nous confiance !
– C'est une épreuve très facile ! intervint Lisa en s'adressant à Mme Williams.
Devant l'air dubitatif de celle-ci, elle continua :
– Max l'a organisée pour les cavaliers débutants, et Émilie…
– Je peux le faire, Maman !
Max réclama le silence.
– Vous étiez au courant, Madame Williams ?
Elle secoua la tête.
– C'est un petit concours que j'ai conçu en pensant à mes plus jeunes cavaliers. Mais je me demande si c'est prudent que votre fille y participe.
– Tomber n'est pas plus dangereux pour moi que pour les autres, protesta Émilie.
– Je sais que tu t'es beaucoup entraînée et que tu as un bon cheval, mais je ne peux pas

te laisser emprunter seule ces chemins. Je regrette, Émilie.

– C'est ta seule objection, Max ? s'interposa Lisa. Tu refuses qu'elle soit seule sur le parcours ?

– C'est ça.

– Et si je l'accompagnais en me mettant hors concours ?

– Je ne veux pas que tu fasses ça ! s'écria Émilie. Ce serait injuste pour toi et Délilah !

Ignorant les protestations d'Émilie, Lisa enchaîna :

– Je la suivrais et m'assurerais qu'il ne lui arrive rien ! De toute façon, Délilah n'est pas prête pour la compétition.

– Eh bien, si tu y tiens…, dit Max.

– Oui ! On s'est entraînées toute la semaine pour ça ! Émilie doit participer !

– Je ne peux pas accepter ça, répéta Émilie.

– Je te dis que ça m'est égal ! insista Lisa.

Émilie commençait à fléchir.

– La sécurité est ma seule préoccupation, reprit Max. Émilie, tu dois me promettre de ne pas tenter de prouesses au-dessus de tes forces.

– C'est promis !

– Madame Williams, qu'en pensez-vous ? Quant à moi, j'ai entière confiance en ces trois-là.

Mme Williams observait sa fille en souriant.

– Je ne sais pas. Tout ça me paraît un peu difficile pour toi, mais si tu en as envie, je suis d'accord !

Les filles poussèrent des hurlements de joie. Max sourit :

– Maintenant, je comprends pourquoi mes plus fidèles élèves avaient déserté les écuries !

Le sourire d'Émilie s'évanouit.

– Max a raison ! s'écria-t-elle. Vous n'avez pas eu le temps de vous entraîner !

– Ce n'est pas grave, la rassura Carole.

– Mais vous ne pourrez pas battre Veronica !

– Je préfère être battue par Veronica plutôt que de gagner sans toi, déclara Steph.

– Et pourtant Steph déteste perdre ! la taquina Carole.

– On ne le fait pas à cause de Veronica ou par pitié envers toi, ajouta Lisa, mais parce que tu es notre amie.

– D'accord, je me rends ! lança Émilie, radieuse. Vous êtes de vraies copines !

11

Le lendemain matin, le Pin creux bruissait d'excitation. Plusieurs cavaliers étaient arrivés avec leurs propres chevaux, il n'y avait plus un seul box de libre. Les trois amies attendaient Émilie avec impatience. La veille, elles étaient restées tard pour bichonner leurs montures, et celles-ci étaient resplendissantes.

Pas autant, toutefois, que Condor. Il faut dire que Veronica avait passé la semaine entière à l'astiquer ! Son cheval brillait comme un sou neuf. Elle-même n'était pas mal du tout avec sa culotte gris perle et ses bottes étincelantes.

Lisa soupira. Dans cette compétition, l'aspect n'était pas noté, et Délilah était propre et soignée. Mais la jeune fille ne pouvait s'empêcher d'envier un peu Veronica.

– Salut, le Club du Grand Galop !

Émilie leur adressait de grands signes depuis l'entrée des écuries :

– Où est-ce que je mets P.C. ? C'est plein à craquer, et je préfère ne pas être sur son chemin, dit Émilie en désignant Veronica.

– Tu as raison, approuva Steph. Tu as beaucoup à faire avec P.C. ?

– Comme il est déjà sellé, je dois juste lui retirer ses bandes de protection et le brider.

– Laisse-le dans le van pour l'instant, suggéra Carole. Ici, c'est la folie !

Les trois amies allèrent voir P.C., qui les salua d'un hennissement sonore. Elles lui tapotèrent les flancs, et il accepta de bonne grâce la carotte tendue par Lisa.

Quand elles entendirent Max appeler les participants, elles coururent vers lui.
– Bienvenue à la première compétition junior de cross-country du Pin creux ! lança-t-il. Nous allons commencer dans un instant. Vous partirez un par un toutes les quatre minutes. La compétition est chronométrée sur la base d'une allure au trot. Si vous dépassez le temps imparti, vous serez pénalisés. Alors, pas de galop, c'est compris ?
– Oui, Max ! répondirent les cavaliers en chœur.
– Très bien ! Chacun va à la vitesse qui lui convient. Si les juges vous voient prendre des risques inutiles, vous serez disqualifiés. Si votre cheval recule devant un obstacle, vous serez pénalisés comme dans un concours normal. Il y a dix épreuves et deux juges à chaque étape. Le cheval qui aura le moins de points négatifs, sera le vainqueur !
– Tout le monde le sait déjà ! commenta Veronica.
– Soyez courtois avec les juges, reprit Max

sans lui prêter attention. Ce sont des étudiants bénévoles, à l'exception d'un seul. Je suis très fier de vous présenter quelqu'un qui n'est pas vraiment un débutant ! Éleveuse réputée de quarts de sang, cette dame a remporté deux fois le « Centenaire des montagnes », une des courses d'endurance les plus difficiles du pays. Voici le Dr Marianne Dinmore !

Marianne Dinmore rejoignit Max sur l'estrade, salua la foule de la main et lança un clin d'œil malicieux au Club du Grand Galop.

– Aïe ! Vite, vite, disparaître sous terre ! souffla Steph.

– Quand je pense que je lui ai fait monter Patch ! gémit Carole. Vous vous rendez compte ? Le Centenaire des montagnes ! Un parcours de cent kilomètres à effectuer en une journée !

– Je voulais lui apprendre à panser un cheval ! se souvint Lisa en se cachant le visage dans les mains. C'est la honte !

– Moi, je trouve ça plutôt drôle ! pouffa Émilie.

La vieille dame les regardait, hilare elle aussi.
– Cette situation l'amuse beaucoup ! remarqua Lisa. Avec Mme Reg, elles n'ont pas cessé de se moquer de nous.
– C'est mieux que de se fâcher, remarqua Carole. Émilie, je t'assure, toutes nos gaffes ne sont pas aussi énormes !
Comme les enfants s'impatientaient, Max donna le signal du départ. Profitant du calme revenu, Émilie amena P.C. dans un box et les quatre amies finirent de se préparer.

Carole partit la première. Diablo était vif et fringant. Carole était toujours heureuse de le monter et de tester ses capacités. Concentrée, elle fit un bon parcours.
À la huitième étape, elle dut franchir une sorte de pont : quelques planches de bois posées sur le sol, encadrées de bottes de foin. L'exercice consistait à faire marcher calmement sa monture sur une surface inhabituelle.
Diablo regarda les planches et renâcla.

Quand Carole l'encouragea d'un coup de talons, il s'ébroua, rassembla ses forces et… sauta l'obstacle ! Content de lui, il fouettait l'air de sa queue. Carole agrippa sa crinière et atterrit en riant. C'était une faute assez grave, mais c'était la seule.

Steph se lança à son tour. Arizona tirait sur le mors, et Steph devait la retenir. Mais dès que les obstacles se présentèrent, sa jument se calma. Le pire moment fut le passage du ruisseau. Arizona s'immobilisa en plein milieu et se mit à piaffer.

– Avance ! cria un des juges. Elle va se rouler dans l'eau !

Steph s'empressa de s'exécuter. Il faisait trop froid pour se baigner !

Émilie et Lisa sortaient de l'écurie quand Veronica prit le départ de la course.

Quatre minutes plus tard, Max lança :

– Vous êtes prêtes ? Partez !

Comme convenu, Émilie passa devant. Elle mit P.C. au grand trot. Sachant qu'elle serait lente à certaines étapes, elle voulait prendre de l'avance.

– Ne va pas trop vite ! cria Lisa.

– Ça sera difficile ! J'ai l'impression d'avoir des ailes !

Mais elle resta sagement au trot.

Elles traversèrent un champ, au bout duquel se trouvait la première épreuve : une porte.

– Aïe ! murmura Lisa.

– Autant commencer par ça, dit Émilie.

À la Rêne libre, la porte était fermée par une chaîne et un crochet ; ici, il y avait un simple fil de fer. Émilie le souleva, et P.C. poussa la barrière. Puis, alors que Lisa retenait son souffle, P.C. pivota sous la pression des jambes de sa cavalière. Émilie ferma la porte, remit le fil de fer en place et leva le poing, triomphante.

Lisa imita son geste. Elle franchit la clôture à son tour et rejoignit Émilie, qui était déjà repartie au trot.

P.C. sauta ensuite une botte de foin et traversa le ruisseau sans encombre. Il effectua soigneusement une figure en V et attendit sans bouger qu'Émilie sorte une fausse lettre d'une fausse boîte aux lettres et qu'elle la tende aux juges. Puis il descendit calmement une pente raide et enjamba la barre qui se trouvait en contrebas. Lisa, qui suivait de près, les regardait avec admiration.

Émilie lança un coup d'œil sur sa montre.

– Prenons un peu d'avance, suggéra-t-elle.

– D'accord. C'est la partie la plus plate du parcours.

Elles s'élancèrent au grand trot vers la prochaine étape. C'était une épreuve difficile : les juges demandèrent à P.C. de reculer dans une figure en S dessinée à l'aide d'un tuyau d'arrosage.

Se servant de sa cravache, Émilie fit déplacer P.C. d'un point à l'autre. Ils ne commirent aucune faute !

Enfin, P.C. traversa sans broncher le pont que Diablo avait sauté.

– Plus qu'une épreuve ! s'exclama Émilie. Pourvu que ce ne soit pas…

– Pas si sûr ! l'interrompit Lisa. Je connais Max.

Elles sortirent des bois près du Pin creux et longèrent les pâturages. Comme elles étaient en avance, elles virent Veronica effectuer le dernier exercice : descendre et remonter de cheval...

En plaçant cette épreuve à la fin du parcours, Max la rendait plus difficile. Les chevaux sentaient l'écurie et étaient trop pressés de rentrer pour attendre leurs cavaliers.

Veronica immobilisa sa monture. Ellc déchaussa ses étriers, lança sa jambe droite par-dessus la selle et glissa sur le sol sans saluer les juges.

Condor mâchait son mors avec impatience en lorgnant les écuries. Quand Veronica plaça son pied dans l'étrier pour remonter, le cheval fit un pas en avant. Même légère, c'était une faute. Condor n'était pas si parfait que ça !

Émilie s'avança vers les juges. S'immobilisant derrière, Lisa retint son souffle.

Émilie posa ses rênes sur la crinière de P.C. Avec sa cravache, elle exerça une légère pression sur le cou de P. C., qui s'agenouilla. Prudemment, Émilie déchaussa ses étriers et, très lentement, glissa son pied droit vers le sol. Elle prit appui sur son cheval et se mit debout. Elle exécuta le geste que Veronica avait négligé : se tournant vers les juges, elle inclina la tête et leur fit une révérence de cavalière de haut niveau. Un sourire rayonnant illuminait son visage.

Lisa tremblait d'excitation. Émilie se pencha, repassa sa jambe par-dessus P.C., toujours immobile, et rechaussa ses étriers. Elle caressa P.C. avant de lui donner un léger coup de cravache sur l'encolure. Il se releva, et Émilie trotta fièrement vers la ligne d'arrivée.

– Hourra ! hurla quelqu'un.

Émilie reconnut la voix de Steph. Avec Carole et d'autres cavaliers, elles applaudissaient à tout rompre.

– Bravo ! Tu es en dessous du temps imparti ! annonça Max.

12

Toujours en selle, les quatre amies se tenaient devant les écuries, attendant les résultats. Autour d'elles, les cavaliers riaient et bavardaient.

– Ils en mettent, du temps ! s'impatientait Steph. Pourtant, Max a ramené les juges depuis un bon moment.

– Il faut compter les fautes de tout le monde. Combien de points a-t-on pu m'enlever pour le pont ? se demanda Carole.

Elle jouait distraitement avec la crinière de Diablo. Elle était fière de lui, d'elle-même et de ses amies. Le classement importait peu, elles avaient fait de leur mieux, et Émilie avait été parfaite.

– Les juges n'ont pas l'air d'être d'accord, remarqua Steph en désignant le jury, qui délibérait un peu à l'écart.

Elle talonna Arizona et s'avança pour écouter. Elle revint avec un grand sourire.

– Ils parlent de toi, Émilie ! souffla-t-elle. Ils se demandent si ta façon de descendre était correcte. Et tu sais quoi ? Personne n'avait remarqué que tu es handicapée ! Les juges n'avaient pas compris pourquoi tu as fait s'agenouiller P. C., et ils ignoraient que Lisa était hors concours. Max est en train de tout leur expliquer.

– Je préférerais qu'il ne dise rien ! Je veux être notée comme les autres.

– Marianne Dinmore défend Émilie avec ardeur. Je cite : « N'est-elle pas descendue de cheval pour remonter ensuite ? Vous devez lui accorder double crédit, triple même, pour avoir fait agenouiller sa monture. Aucun autre cavalier ici n'en est capable ! »

– Aucun autre cavalier ne monte P.C., remarqua Émilie. Je suis si fière de lui ! Je me fiche d'être disqualifiée, je n'oublierai jamais ce qu'il a fait aujourd'hui !

– Je n'oublierai jamais ce que *tu* as fait, ajouta Lisa.

– Voilà Max ! s'écria Steph. Il annonce les résultats !

– Du calme ! Un, deux… un, deux, trois, dit Max pour tester le micro.

Max commença par féliciter les participants ; puis il remercia les juges, ainsi que Bob, Mme Reg et Deborah, sa femme, pour leur aide.

– Et maintenant, le moment que vous attendez tous.

Il marqua une pause en observant l'assistance.

– Le moment que vous attendez avec impatience…

– Quel comédien ! grommela Steph, l'estomac noué.

– Je suis content de vous, continua Max. Certaines étapes étaient difficiles, mais vous les avez tous franchies. Bravo !
– Je traduis : « Il y a eu beaucoup d'erreurs, mais personne n'est tombé ! » chuchota Lisa.
Ses amies sourirent, mais elles ne dirent mot. Elles brûlaient d'impatience d'entendre les résultats.
– Voici le classement, annonça Max. En sixième position, Carole Hanson sur Diablo !
Carole s'avança avec Diablo et reçut le ruban vert, puis se mit sur le côté pour attendre les autres.
Anna était cinquième, Polly quatrième.
– Troisième place, Steph Lake sur Arizona !
Le Club du Grand Galop poussa des cris de joie.
– Croise les doigts, murmura Lisa à Émilie.
– Je suis disqualifiée, je le sais. N'y pensons plus.
– Deuxième : Veronica Angelo sur Condor !
Veronica se figea, sidérée de ne pas être la première.

– Veronica ? appela Max.

Elle restait immobile sur Condor, la bouche ouverte.

– Tu viens chercher ton ruban rouge ?

Veronica, le visage fermé, prit sa récompense et rejoignit les autres concurrents. Elle cherchait des yeux qui pouvait bien l'avoir battue.

Tous attendaient en silence. Finalement, Max s'écria :

– La championne de la première compétition junior de cross-country du Pin creux est… Émilie Williams sur P.C. !

Un tonnerre d'applaudissements accueillit le résultat.

Les cavaliers du Pin creux se souvenaient de la première visite d'Émilie et certains l'avaient vue descendre de son cheval pendant le concours. Ils saluaient l'exploit qu'elle venait d'accomplir.

Émilie trotta pour recevoir son prix. Veronica la dévisagea en fronçant les sourcils. Quand elle l'eut reconnue, elle ne put cacher sa surprise. Ce fut une belle revanche ! Ayant perdu contre Émilie, Veronica était obligée de la considérer comme une véritable cavalière, et non plus comme une handicapée, qu'elle avait humiliée la semaine précédente. Condor la superstar avait été battu par le cheval le plus laid mais le plus généreux, le plus persévérant, le plus obéissant… en un mot le meilleur.

Lisa n'avait jamais éprouvé un tel sentiment de triomphe. Carole et Steph étaient aux anges.

Se dressant dans ses étriers, Steph s'écria :

– P.C., ça veut dire : « Parfait Champion » !

Folle de joie, Émilie éclata de rire avant de déclarer :

– Aujourd'hui, c'est moi qui offre les glaces !

13

Deux jours après la victoire d'Émilie, le trio du Grand Galop entra dans le box de P.C. à la Rêne libre.

– Salut, Émilie ! lança Carole.

– Salut ! Je me demandais si vous viendriez aujourd'hui.

– Évidemment ! s'exclama Steph. On avait envie de te voir, et puis, on a du travail ici !

– Mme Payne a dit que les bénévoles du lundi soir voulaient changer de jour, ajouta

Lisa. Encore quelques leçons, et on pourra les remplacer. Je vais continuer avec Toby.
– Avec moi ? demanda le garçon, qui passait devant le box de P.C.
– Avec toi, confirma Lisa en l'embrassant et l'entraînant vers la sellerie.

Quand ils en ressortirent avec du matériel de pansage, Steph racontait les exploits d'Émilie à Joshua, Claire et aux bénévoles :
– … Après la barrière, ce fut le passage du ruisseau, un torrent dangereux. Croyez-vous que P.C. a hésité, qu'il a eu peur ? Non ! Il a plongé dans l'eau glacée et amené Émilie saine et sauve sur l'autre rive.
– On ne peut pas en dire autant de ta jument, pouffa Émilie. J'ai appris qu'elle avait voulu prendre un bain !
– Et ensuite, Steph ? demanda Claire.
– Ensuite…
Steph interrogea Carole du regard.
– La figure en V, lui rappela son amie.
Elle observait Joshua, qui était comme d'habitude perdu dans ses pensées. Il n'écoutait

pas, ne semblait même pas avoir remarqué sa présence.

– Ah oui ! Ensuite Émilie a trotté vers un grand V dessiné avec des barres d'obstacle…

– De grosses barres, intervint Lisa, très difficiles à franchir. Mais Émilie et P.C. n'ont pas eu peur !

– Hé, c'est *mon* histoire ! protesta Steph.

– Ah non, objecta Lisa, c'est l'histoire d'Émilie.

– Ça n'a pas d'importance ! dit Émilie. De toute façon, je n'aurais rien pu faire sans le Club du Grand Galop.

– Si, répondit Carole. Nous, on t'a juste aidée à croire en toi.

Une fois le récit des exploits d'Émilie terminé, le petit groupe passa au box de P.C.

– Émilie a accroché son ruban bleu sur la porte, dit Steph à Claire.

– Oh, c'est doux ! s'exclama la petite fille en touchant le trophée du bout des doigts.

– Dessus, il est écrit en lettres dorées :

« Premier Prix, écuries du Pin creux. » Et puis, il y a une tête de cheval dessinée au centre du médaillon.

– C'est une jolie récompense, approuva Claire.

À la surprise générale, Joshua s'avança vers le ruban et tendit la main pour l'effleurer. Tout le monde se tut.

– C'est à Émilie, lui expliqua doucement Carole. P.C. l'a gagné samedi parce que c'est un bon cheval.

L'enfant fit deux pas en avant et appuya sa tête contre le flanc de l'animal.

– Bon cheval, répéta-t-il très distinctement.

Émue aux larmes, Carole se tourna vers Émilie. La jeune fille regardait Joshua avec le même sourire que le jour de son triomphe au Pin creux.

– Une autre victoire ! dit-elle, les yeux brillants.

FIN

EXTRAIT

Retrouve vite
le Club du

GRAND GALOP

dans

UN POULAIN INSOUMIS

EXTRAIT

– Bon, j'arrête, sinon je vais tomber ! s'exclama Steph Lake en sautant à terre. Si je ne te connaissais pas, Arizona, je jurerais que tu n'es pas sortie de ton box depuis des mois !
– Ça doit être à cause du temps, expliqua Lisa Atwood. Prancer non plus n'était pas en forme.
– Pareil pour Diablo, intervint Carole Hanson, qui avait rejoint ses deux amies. Aujourd'hui, il était aussi craintif qu'un poulain. J'imaginais qu'en février ils seraient habitués au bruit du vent qui souffle à l'extérieur du manège.
Les jeunes filles venaient de terminer leur

EXTRAIT

leçon d'équitation au centre hippique du Pin creux et s'apprêtaient, comme chaque mardi après-midi, à desseller leurs montures. Carole, Lisa et Steph passaient pratiquement tout leur temps libre ensemble et, comme elles adoraient les chevaux, elles se retrouvaient le plus souvent au centre.
Steph et Carole possédaient chacune leur propre cheval, et Lisa montait toujours un pur-sang du nom de Prancer. Elles avaient également fondé le Club du Grand Galop. Ses membres devaient être passionnés d'équitation et s'entraider dans n'importe quelle situation.
– En parlant de poulain, dit Lisa, on ne devait pas faire travailler King aujourd'hui ?
King, un poulain noir comme du charbon, était né au Pin creux. Le Club du Grand Galop avait veillé sur lui avant même qu'il soit né : les trois amies s'étaient occupées de sa mère quand elle était pleine et elles avaient assisté à la mise bas.

EXTRAIT

King était le fils de Délilah, une jument grise à la longue crinière argentée. Typhon, le père de King, était un pur-sang arabe, un sauteur prodigieux. Un jour, il s'était cassé une jambe au cours d'un accident : Veronica Angelo, une enfant gâtée et prétentieuse qui montait au Pin creux, lui avait fait franchir un obstacle en dépit de toutes les recommandations. Le cheval s'était blessé en tombant et avait dû être abattu. Très affecté par la mort de Typhon, le Club du Grand Galop était ravi de retrouver chez King l'esprit fougueux de son père et le doux caractère de sa mère.

– C'est vrai, nous devons travailler avec lui, répondit Carole. Aujourd'hui, il essaiera la selle avec les étriers.

– C'est un grand jour, commenta Lisa.

King avait déjà porté un licol et il était habitué à la bride et à la selle sans étriers. Le club du Grand Galop prenait le dressage du poulain très au sérieux et ne voulait pas précipiter son apprentissage pour ne pas risquer de le contrarier. Les filles avaient estimé qu'il était prêt pour l'étape suivante.

– Dans très peu de temps, il portera un cavalier sur son dos, soupira Steph.

– C'est à peine croyable ! s'écria Lisa. Je me demande qui sera le premier à monter King.

– Je suis sûre que Max a réservé sa place, plaisanta Carole.

Max Regnery était le propriétaire du Pin creux et le moniteur d'équitation des trois jeunes filles. Éleveur de chevaux très talentueux, il descendait d'une longue lignée. S'il était le premier cavalier de King, il ferait certainement un excellent travail.

– Peut-être même que, si nous insistons, il nous laissera assister à l'événement. Et qui sait si nous ne pourrons pas l'aider... ? dit Steph, dont les yeux noisette se mirent à pétiller.

– Commençons déjà par le familiariser avec les étriers, proposa Lisa.

– D'accord, répondit Carole. Allez, on desselle ! Rendez-vous dans une demi-heure au manège couvert. J'irai chercher King. Vous, pendant ce temps-là, passez prendre une selle avec des étriers.

Carole fredonnait tout en pansant Diablo. Elle adorait s'occuper de ce hongre bai, même si, aujourd'hui, elle était impatiente de travailler avec King.

Pour elle, ce cheval n'était pas comme les autres. Elle ressentait envers lui un grand attachement, ayant souvent monté son père. Chaque fois que Veronica avait négligé de sortir Typhon, c'est elle qui s'en était chargée. Durant une courte période précédant l'accident, ils avaient formé un duo de rêve.

Lorsque Typhon avait été abattu, Carole avait pensé ne plus jamais remonter à cheval. Mais, finalement, sa passion l'avait emporté sur son chagrin. Diablo, qu'elle adorait, ne lui avait pas fait oublier le pur-sang ; elle était très fière de pouvoir dresser son fils pour l'aider à

devenir un aussi bon cheval que lui.
Après avoir bouchonné Diablo et vérifié s'il avait du foin et de l'eau, Carole se dirigea vers le box de King. Le poulain colla ses naseaux contre la porte dès qu'il entendit ses pas.

– Bonjour l'ami ! s'écria la jeune fille en tapotant son cou noir au poil luisant.

Elle attacha une longe à son licol et le fit sortir dans l'allée. Le poulain avait encore la croupe plus haute que le garrot, mais il possédait déjà toutes les caractéristiques d'un très beau cheval. Son dos étroit, ses épaules tombantes et sa fine tête étaient le signe d'un très bon lignage.

– Allez, j'arrête de t'admirer, déclara la jeune fille à contrecœur. Il ne faut pas que tu deviennes prétentieux.

King secoua joyeusement la tête et gambada au bout de la longe tandis que Carole le conduisait vers le manège couvert.

– Il a l'air impatient de commencer, remarqua Lisa.

EXTRAIT

– Il déborde d'énergie, confirma son amie.
Comme à leur habitude, les filles passèrent quelques minutes à parler au poulain tout en lui caressant les flancs. Elles suivaient depuis le début du dressage la méthode d'équitation naturelle préconisée par la fiancée de Bob, Denise McCaskill, une étudiante qui venait parfois travailler au centre. Elles encourageaient le cheval sans jamais utiliser la force, ou encore, selon l'expression favorite de Steph, elles l'éduquaient « à la carotte et sans cravache ». Cela consistait, entre autres, à le masser et à lui parler.
– Je vais lui faire faire quelques tours pour qu'il prenne confiance, déclara Carole.
– Nous venons avec toi, dit Steph. Moi aussi, j'ai besoin de me dégourdir les jambes.
– C'est le cours de Max qui t'a donné des crampes ? demanda Lisa.
– Non, c'est d'être restée assise toute la journée à un bureau.

EXTRAIT

Les trois amies éclatèrent de rire. Contrairement à Lisa, qui adorait l'école, et à Carole, qui la supportait plutôt bien, Steph ressentait une réelle aversion pour tout ce qui était scolaire.

– Rappelle-toi que, lundi, c'est férié ! s'exclama Lisa. Tu auras trois jours pour te dérouiller les jambes.

– C'est vrai ! Nous allons voir de la famille dans le New Jersey. Ma cousine Angie fête son anniversaire. On va bien s'amuser !

– Comment va ta cousine ? s'enquit Carole. Elle ne ferait pas du cheval, par hasard ?

– Oh si, d'ailleurs elle a un très bon niveau. Cela fait longtemps que je ne l'ai pas vue, mais nous nous sommes toujours très bien entendues. C'est normal, elle adore les chevaux. Elle possède un pur-sang et participe à des concours. Il y a des chances que je monte là-bas, car mon oncle et ma tante ont eux aussi des chevaux. La seule chose qui m'embête, c'est que je ne pourrai pas tra-

vailler pendant ces trois jours avec King.
– Nous te raconterons tout dès ton retour, lui promit Carole.
Pendant qu'elles discutaient, le poulain entama calmement son troisième tour. Le vent s'engouffrait en rafales sous le toit et, à chaque fois, King faisait un brusque écart. Steph alla chercher la selle qui se trouvait sur un des obstacles et, avec l'aide de Lisa, la plaça sur le dos du poulain.
– Vérifiez si les étriers ne lui font pas mal, leur rappela Carole.
– Ne t'inquiète pas, ils sont remontés, la rassura Lisa tandis que son amie ajustait doucement la sangle. Il ne sent rien pour le moment.
– Ça y est ! lança Steph. On les détache ?
Carole acquiesça. Jusque-là, tout allait pour le mieux.
Les deux jeunes filles descendirent peu à peu les étriers. Carole allait demander à King d'avancer quand soudain celui-ci,

semblant prendre conscience que quelque chose pendait le long de ses flancs, fit un bond de côté.

– Du calme, c'est juste une paire d'étriers, dit Carole d'une voix rassurante.

Elle posa la main sur le cou de l'animal. Au lieu de l'écouter, King se mit à caracoler.

– Tu crois qu'ils lui font peur ? demanda Lisa, inquiète.

– Je… je ne sais pas, répondit Carole, qui avait le plus grand mal à retenir le poulain.

– C'est peut-être à cause du vent. Il souffle drôlement fort !

De toute évidence, King n'était pas dans son état normal.

– Je n'ai pas l'impression qu'il ait peur, intervint Steph. Regardez-le, il a plutôt l'air de trouver ça très amusant.

Les filles observèrent le poulain. Il secouait la tête dans tous les sens en tirant sur la longe.

– C'est vrai ! On dirait un chaton qui vient de découvrir une pelote de laine, s'écria Carole,

alors que King l'entraînait à l'autre bout du manège. Il me fait penser à mon chat.
– Et moi, à mes frères, maugréa Steph. Un rien les énerve.
En lui parlant d'une voix ferme, la jeune fille parvint à ramener King au milieu du manège. Comme il refusait de se tenir tranquille, Steph et Lisa voulurent aider leur amie ; mais, dès qu'elles s'approchaient, le poulain bronchait et, lorsqu'elles ne bougeaient plus, il recommençait à tirer sur sa corde. Carole continua de lui parler d'une voix calme et de le tapoter, mais King ne semblait pas disposé à écouter.
– Mieux vaut arrêter là pour aujourd'hui, suggéra Lisa. Il est trop excité.
– Tout à fait d'accord, approuva Steph. Il a beaucoup transpiré, et cela va prendre du temps, de le sécher. Qu'en penses-tu, Carole ?
La jeune fille réfléchit puis finit par acquiescer. Elle était déçue d'avoir à interrompre le cours au bout de vingt minutes

EXTRAIT

mais savait que ses amies avaient raison : une seule mauvaise séance pourrait remettre en cause plusieurs heures de dressage.

Même à trois, elles eurent le plus grand mal à enlever la selle, car King partait comme une flèche dès qu'elles l'approchaient. Découragée, Carole passa la longe à Steph pour qu'elle fasse marcher le poulain au pas.

– Je ne sais pas ce que j'ai fait de travers, avec toi il est plus calme.

– Tu n'as rien à te reprocher, la rassura Lisa. Il était juste bizarre. Les chevaux aussi ont leurs mauvais jours !

Arrivée à l'extrémité du manège, Steph fit tourner King. Une fois encore, Carole fut émerveillée par la beauté du poulain.

– C'est juste, Lisa, répondit-elle, ragaillardie. Comme il avait tout accepté jusqu'à maintenant, je pensais que ce serait pareil cette fois-ci. Nous devons y aller plus doucement avec les étriers.

– Tout à fait d'accord, dit Steph en les rejoi-

EXTRAIT

gnant. King nous avait habituées à autre chose, les vrais problèmes commencent aujourd'hui.

Carole prit la longe des mains de son amie.

– Bon, pendant que je tiens King, vous pourriez vérifier si les obstacles tiennent toujours bien, suggéra-t-elle.

Les deux amies allèrent cogner contre les cavalletti.

– Voilà, tu es contente ? demanda Steph.

– De vous, oui, répliqua Carole avant de se tourner vers le poulain. Mais, toi, mon petit King, j'ai bien l'intention de t'apprendre à obéir !

EXTRAIT

Steph serra les dents. Elle avait pourtant toutes les raisons d'être satisfaite. Elle n'avait pas école lundi, c'était le début d'un long week-end, et elle était dans le train qui la conduisait chez sa cousine, elle aussi passionnée de chevaux. Pourtant, il y avait une ombre au tableau : ses trois frères, Sam, l'aîné, Alex, son jumeau, et Michael, l'accompagnaient. Comble de malchance, Steph se trouvait dans le même compartiment qu'eux pendant tout le voyage jusqu'à Philadelphie alors que leurs parents somnolaient paisiblement quelques mètres plus loin.

Pendant un moment, elle pensa dormir et faire comme s'ils n'étaient pas là. Mais lorsqu'elle fermait les yeux, elle les entendait encore plus distinctement. Son petit frère chantonnait sans arrêt ; quant à Sam et Alex, ils parlaient des filles qu'ils rencontreraient dimanche à l'anniversaire d'Angie.

– Tu te souviens de sa copine blonde que nous avions vue à Noël ? demanda Alex.

– Laquelle ? Celle qui fait de la danse ?

– Oui.

– Bof, je l'ai dans la poche ! C'est simple, elle m'adore.

– Hum... je crois plutôt que c'est moi qui lui plais.

– Eh ! les interrompit Michael. C'est comment, déjà, l'air de « I've Been Working on the Railroad » ?

– Et pourquoi toi ? demanda Sam. Je suis plus vieux.

– Et alors ? Qu'est-ce que ça change ?

– Eh, je vous cause ! Vous vous souvenez des paroles ? Je ne me rappelle que le début.

Steph poussa un soupir, ouvrit les yeux et se

redressa, résignée.
– Ça ne vous dérange pas si j'ai envie de dormir ?
– Non, au contraire, répliqua Alex.
Et ils éclatèrent de rire.
– Ha, ha, ha ! Très drôle, fit Steph, qui se retint de les frapper à coups de polochon. J'aimerais tellement avoir ton sens de l'humour !
– Si tu ne passais pas huit jours sur sept dans le crottin de cheval, tu y arriverais certainement, rétorqua son frère jumeau.
Faisant mine de ne pas entendre, la jeune fille mit son polochon contre ses oreilles et s'étendit de nouveau sur sa couchette. Elle regarda sa montre : il restait encore deux longues heures.
« Je vais réfléchir à ce que nous devrions faire avec King, se dit-elle. S'il me vient une idée, j'appellerai Carole et Lisa de chez Angie. Peut-être même que ma cousine m'aidera à résoudre le problème. »

EXTRAIT

Depuis le premier essai, chaque séance s'était déroulée de la même façon. Elles avaient toujours fait marcher le poulain pour le tranquilliser avant de lui mettre la selle. Mais, une fois sanglé, même s'il avait marché au pas près d'une heure, il se mettait à faire l'idiot. Cela en était arrivé au point qu'il caracolait dès qu'il apercevait la selle ! Les trois amies ne savaient pas comment réagir face à une telle conduite. Elles n'avaient pas l'habitude de travailler sans être assises sur le cheval. Steph était néanmoins persuadée qu'à elles trois elles allaient réussir. C'était uniquement une question de temps et de patience.

Perdue dans ses pensées, la jeune fille ne vit pas le temps passer. Elle sursauta quand leurs parents firent irruption dans le compartiment pour les prévenir que le train entrait en gare.

Tout le monde se leva et rassembla ses bagages.

– Attendez, aidez-moi ! s'écria Michael, je n'arrive pas à tout porter.
– Mais qu'est-ce que tu as mis là-dedans ? s'étonna M. Lake en soulevant les deux valises de son fils.
– Des trucs dont je ne peux pas me séparer : ma Game Boy, mes collections de soldats, mon ours en peluche…
La famille Lake était à peine descendue sur le quai de la gare que l'oncle Chester et la tante Lila ainsi que leur fille Angie accoururent, les bras grands ouverts. Le père de Steph et l'oncle Chester étaient frères. Ils se ressemblaient beaucoup, sauf que ce dernier était un peu plus vieux et arborait une moustache en forme de guidon de vélo.
Les deux hommes se donnèrent une grande accolade tandis que les enfants et leurs mamans s'embrassaient.
– Angie !
– Steph !
Les deux filles étaient heureuses de se

revoir. Steph remarqua aussitôt que sa cousine avait changé : elle ne faisait plus garçon manqué ; elle portait une élégante jupe en laine et un pull-over avec un col en V. Elle avait du rouge sur les lèvres, des boucles d'oreilles et un bandeau doré retenait ses longs cheveux blonds.

Tout en parlant de mille choses à la fois, les deux familles se dirigèrent vers la voiture des Lake.

– Comment va Étincelle ? demanda Steph.

C'était le nom du cheval d'Angie, un magnifique pur-sang arabe, doté d'un réel talent pour le saut d'obstacles.

– Très bien, comme d'habitude, répondit-elle un peu distraitement.

Puis elle s'anima :

– Oh, c'est drôlement bien que tu sois venue pour mon anniversaire. Ça va être génial ! Un traiteur va livrer un buffet et un gâteau, et la maison sera décorée par le plus grand fleuriste de la ville.

EXTRAIT

Steph hocha la tête, surprise. L'anniversaire serait certainement très réussi, mais elle était surtout impatiente de voir l'écurie et les chevaux. Elle espérait qu'elle allait faire au moins une promenade à cheval par jour avec sa cousine.

– Combien avez-vous de chevaux maintenant ? Bones et Birdie sont toujours là ?

C'étaient les deux chevaux de chasse des Lake. Déjà vieux, Bones était en semi-retraite depuis quelques années.

– Oui, bien sûr, nous n'avons pas l'intention de nous en séparer.

GRAND GALOP

601. Les trois font la paire
602. Il faut sauver le club !
603. Une Étoile pour le club
604. En vacances au ranch
605. Tricheries au club !
606. Pour l'amour d'un cheval
607. Un cheval pour pleurer
608. Une naissance au club
609. Coups de cœur au club
610. Aventures au Far West
611. Un concours à New York
612. Le club prend des risques
613. Un poulain en danger
614. Rodéo pour le club
615. Au galop sur la plage
616. Une sacrée équipe !
617. Kidnapping au club
618. Une randonnée très périlleuse
619. Une star au Pin creux
620. Un si lourd secret
621. Panique au Pin creux
622. Un défi pour le club
623. Des vacances mouvementées
624. Lune de miel au Pin creux
625. Anniversaire au club
626. Une amitié à toute épreuve
627. Une escapade orageuse
628. Une fiancée pour Max !
629. Une leçon d'amitié
630. Coup de théâtre au Pin creux
631. Une étrange maladie
632. Secret de famille
633. Un cadeau inespéré
634. Sabotage au Pin creux
635. Des cavaliers en détresse
636. Une parade pour Sam
637. Randonnée sous les étoiles
638. Mariage au Pin creux
639. Au revoir, Tornade
640. Un cheval pour Mélodie
641. Un poulain insoumis
642. Une cavalière pas comme les autres